戦略の極意

FUNAI CONSULTING Immediate Performance Improvement Series

船井総研
即時業績向上
シリーズ

第2巻

フナイ・コンサルティングアカデミー
株式会社 船井総合研究所

総合法令

はじめに

　本書「船井総研即時業績向上シリーズ」は船井総合研究所のコンサルタントたちが長年培ってきた船井流の経営ノウハウを教える若手コンサルタント養成講座「フナイ・コンサルティングアカデミー（通称：FCA）」のコンテンツに、実際のコンサルティング現場におけるさまざまなケースを盛り込み、現場で即使えることを目的にした実践的な経営実務書シリーズです。船井総研のコンサルティングのベースになっている考え方やノウハウを読者にわかりやすく伝えることを目的としています。

　昨年12月に刊行した第1巻『経営の極意』では、シリーズ全体の目次的な意味を含めて、経営上必要な一通りのテーマについて、コンパクトかつ体系的にまとめましたが、第2巻以降はいよいよ各テーマの掘り下げに入っていきます。そして、第2巻となる本書では、『戦略の極意』と題して、主に「現場に定着する経営戦略の立て方」について深く掘り下げて解説していきます。

　さて、書店に行けば、「戦略」というタイトルがつく書籍が実に多く出版されていますし、新聞や雑誌でも「○○社の戦略」と題した報道や特集が定番記事として組まれているほか、あちこちで戦略に関するセミナーが開催されています。また、みなさんの会社でも「マーティング戦略」「営業戦略」に関する会議が開かれていることでしょう。このように、経営者やビジネスマンにとって、「戦略」ほど毎日見聞きしながらも、一方で軽視されているか、「永遠のテーマ」となっている言葉もないのではないでしょうか。

　実際、現代の企業経営において、戦略の重要性はますます高まるばかりです。本文の中でも詳述していますが、日本経済の右肩上がり成長が終わった現在、ただ成長業種に身を置いたり、他社の後追いをしていれば、黙っていても成長するということはなくなりました。

　経済の成熟化による市場の多様化だけでなく、少子高齢化や経済・社会のグローバル化などの新しい環境の中で、今後はすべての企業が自社の限られた経営資源をいかに有効的に活用し、競合との差別化を図っていくかが成長

のポイントとなります。その活用の仕方が「戦略」なのです。

　こう言うと、「現在は市場環境が不透明なのだから、戦略なんか立ててもしかたないではないか」とおっしゃる人がいるかもしれません。しかし、これについては弊社社長の小山政彦が40年間にわたるコンサルティング経験から断言していますように、成功している企業や経営者には必ず計画性があり、経営戦略の有無が企業の「勝ち組」と「負け組」を分けている大きなポイントだと言えます。

　また、戦略の重要性は認識できても、「戦略を立てたってどうせうまくいかない」と実際の行動を後回しにしてしまっている人も多くいます。これについては、戦略の立案と現場への落とし込みについて的確なテキストがこれまでなかったことが原因の1つだと言えるでしょう。

　前述したように、「戦略」に関する書籍はすでに多くの先達によって書かれていますが、その多くはファイブフォース分析やバリューチェーンなどのいわゆるフレームワークの解説に重点が置かれています。本書「経営の極意」でも当然そのようなフレームワークは用いますが、それらはあくまでも戦略構築過程のツールにすぎません。

　本書ではただ「戦略を構築する」だけにとどまらず、「構築した戦略をいかに現場に展開し、定着させるか」まで踏み込んでいるのが特徴です。

　具体的には、「戦略の策定から定着まで」の各プロセスに注目し、それを船井流の「現状分析」→「基本戦略」→「実行戦略」→「展開」→「定着」という5フェーズに分けて、解説していきます。特に、後半のフェーズである「展開」と「定着」については、従来の書籍では軽視されてきた、策定した戦略を現場レベルに落とし込んで成功させるためのさまざまなノウハウについて既存の戦略書に比べて多くのページを割いて詳述しています。

　中にはかなり現場に密着したレベルまで書かれていますが、これは「ここまでやらなければ戦略は実行されないし、成功しない」という現実に数多く遭遇してきた船井総研の実務コンサルタントならではの視点に基づく対処法だと言えるでしょう。

　どんなにすばらしい戦略を構築しても、それが実行されなければ意味がありません。ぜひ本書『戦略の極意』を読んで、初めて経営戦略を学ぼうとい

う人はもちろん、すでに既存の書籍で戦略について学んだ人も、本当に成功する戦略のプロセスとは何かをつかんでいただければ幸いです。

　最後に総合法令出版の竹下祐治出版事業本部長と編集部の田所陽一氏、菊次篤志氏には前作『経営の極意』に続きお世話になりました。そして、フナイ・コンサルティングアカデミー事務局のスタッフのみなさんに心から感謝を申しあげて、まえがきのご挨拶を終えたいと思います。

株式会社船井総合研究所
経営統括室副室長　柳楽仁史
（フナイ・コンサルティングアカデミー実施責任者）

◆目次

はじめに

第1部　経営戦略の実際と考え方
第1章　経営戦略の実際
1　経営全体の中での戦略の位置づけ　14
2　経営戦略達成のための5つのステップ　16
3　船井総研の立案する経営戦略と他社の違い　20

第2章　経営戦略の考え方
1　なぜ戦略は実現されないか　24
2　事業の全体像を俯瞰する　28
3　フレームワークで経営戦略を考える　32

第2部　現状分析
第1章　現状分析の基礎
1　現状分析のポイント　40
2　現状分析の重要性　42
3　ヒアリングで全体像をつかみとる　48

第2章　外部環境分析
1　マクロ環境分析　56
2　ミクロ環境分析　66

第3章　内部環境分析
1　マーケティング編　92
2　マネジメント編　98

第4章　外・内部分析のまとめ
1　SWOT分析　108

第3部　基本戦略
第1章　基本戦略の基礎
1　基本戦略の考え方　　116
2　ポーターの4つの戦略　　120

第2章　標的市場の選定
1　セグメンテーション　　126
2　ターゲティング　　130
3　ポジショニング　　132
4　船井流「具現化基本戦略フレーム」　　136
5　マーケティングミックス　　140

第4部　実行戦略
第1章　戦略目標を具現化するための業務の洗い出し
1　業務を徹底して調査する　　150
2　KSFは何かを発見する　　154

第2章　業務フローの決定
1　KGI、KPIの設定　　162
2　プロセス管理　　166

第3章　業務フローに従った組織構築
1　5W1Hの明確化　　170
2　HRへの展開　　172
3　OBへの展開　　176
4　スケジューリングの重要性　　180

第5部　展開と定着
第1章　展開
1　PDCAサイクルで戦略を展開する　　186
2　トップの強い意志を見せる　　188
3　1：1.6：1.6の法則　　192
4　教育の実施　　194

5　ツールづくり　　　　198
第2章　定着
　1　Check体制　　　　204
　2　表彰と賞賛　　　　208
　3　改善の進め方　　　210

巻末資料Ⅰ　　　213
巻末資料Ⅱ　　　225

アートディレクション／ロビン・和田
装幀／市川美里（マイルストーン・デザイン）

本書の構成

現状分析

マクロ環境調査
・市場規模の算出
・顧客特性の分析
・PEST分析

環境分析
分析のout-put

SWOT分析

売上向上のための
改善項目

コスト削減のための
改善項目

ミクロ環境調査
・バリューチェーンの整理
・ファイブフォース分析
・3C分析
・商品・サービス品種比較
・PI（プライスアイテム）分析
・営業力調査
・チャネル分析
・立地戦略分析
・財務分析
・ベンチマーキング
・PPM分析
・グッドサイクル
・戦略マップの作成

第2部

第1部　全体像の

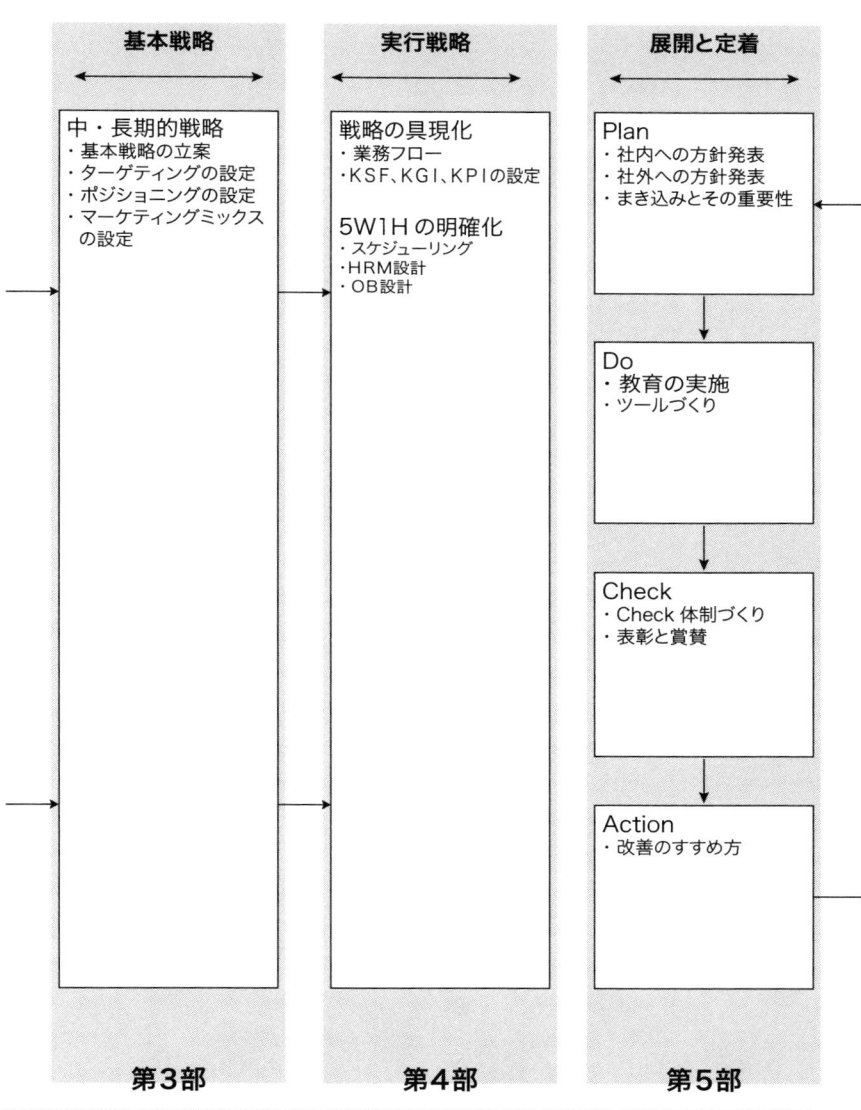

FUNAI CONSULTING
Immediate Performance Improvement Series

第1部

経営戦略の実際と考え方

経営戦略の実際

|1| 経営全体の中での戦略の
　　位置づけ
|2| 経営戦略達成のための
　　5つのステップ
|3| 船井総研の立案する経営戦略
　　と他社との違い

1 経営全体の中での戦略の位置づけ

■本書のカバーする内容

　船井総研 即時業績向上シリーズ第1巻『経営の極意』では、経営全般にかかわることを広く紹介した。

　船井流の経営コンサルティングは、机上の空論だけでない長年の現場の経験から導き出されたものである。「現場主義」を徹底・追求した上での経営手法となっている。

　これはまた、船井総研の創業者である船井幸雄が長年かけて構築したマーケティング理論・リーダーシップ論に、「数理マーケティング」を加えて体系化されたものである。

　第1巻は次ページの図のような構成となっていた。第1部では経営を行う前に人間として、ビジネスマンがどのような心構えでいるべきかを説明した。すなわち伸びる人の「あり方」について述べた。

　第2部以降は、船井総研がコンサルティングを行う場合の実際の「やり方」についてまとめている。「経営戦略」、「マーケティング」、「人財マネジメント」「数値マネジメント」の各部に分かれている。

　第2巻である本書『戦略の極意』では、第1巻の第2部で説明した「経営戦略」部分を事例を挙げて、詳細に説明し、現場で実践いただけるような形で説明している。読者の日々の業務で少しでもお役立ていただければ幸いである。なお、今回の『戦略の極意』は次ページの図の経営の全体像の中の太線枠内を指す。

第1章　経営戦略の実際

図表1-1　第1巻『経営の極意』の内容

■第1部

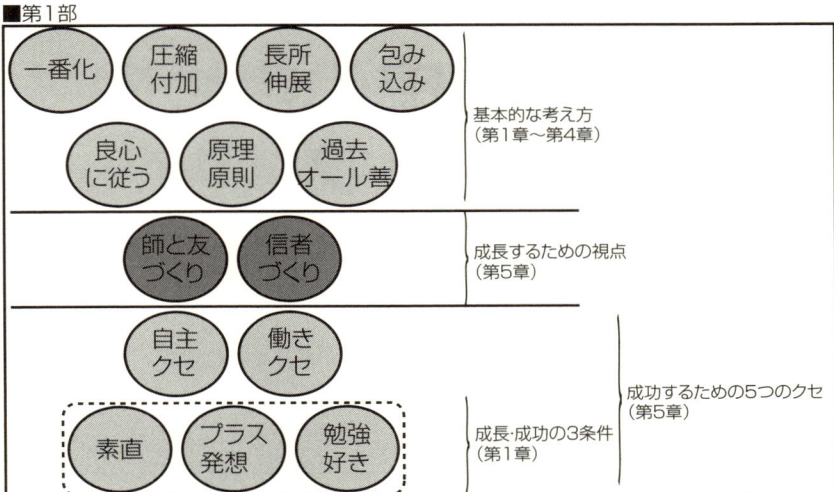

■第2部～第5部

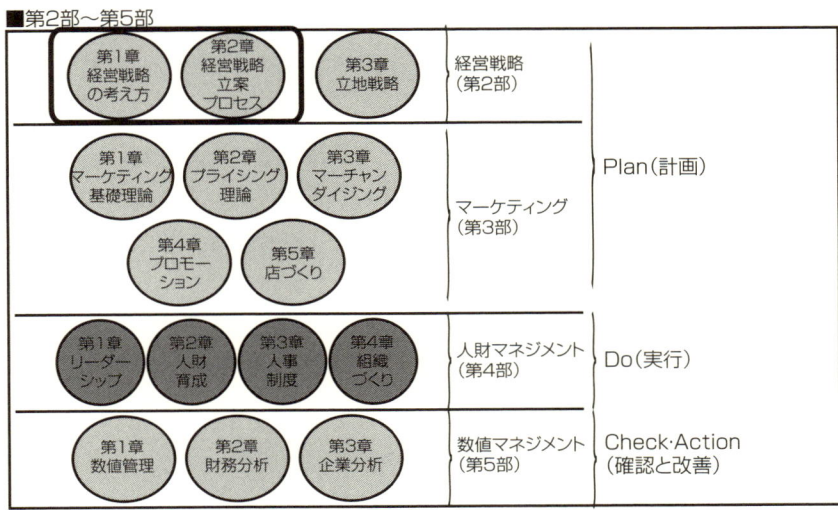

2 経営戦略達成のための5つのステップ

■5つのステップ

　船井総研では、長年の経験から経営戦略を達成させるために、また業績を向上させるために不可欠な5つのステップがあるとしている。それが以下の、

現状分析×基本戦略×実行戦略×展開×定着

である。各ステップの詳しい内容を図で表すと、次ページの図のとおりとなる。個々の詳細については後述していくが、まずは戦略を立案し、実行するまでには、この5つのステップがあることを理解していただきたい。
　このステップはどの要素も欠けてはならないと考えている。本公式は掛け算となっているので、「現状分析」「基本戦略」「実行戦略」「展開」「定着」の各セグメントに「0（ゼロ）」や「マイナス」が1つでも発生すれば、当然ながら業績は悪くなると言える。また、順番についても必ず以下の順番で行わなければならない。

①現状分析→②基本戦略→③実行戦略→④展開→⑤定着

第1章　経営戦略の実際

図表1-2　戦略達成のための5つのステップ

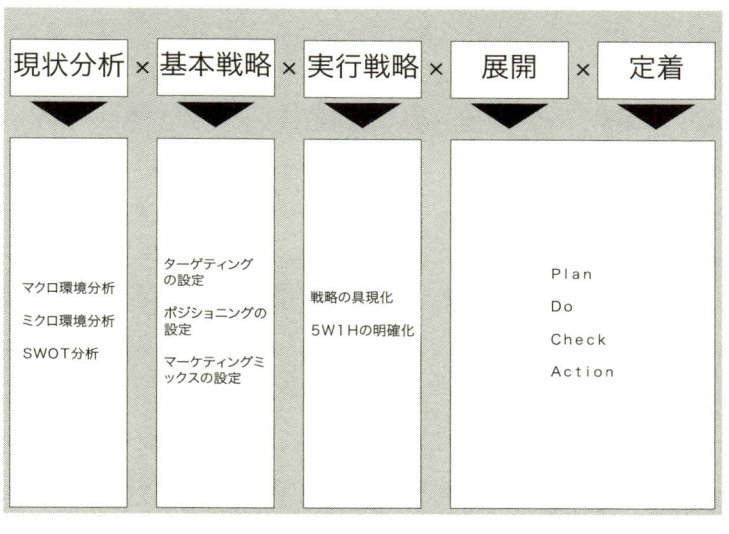

　まず、「現状分析」のフェーズであるが、このフェーズでは大きく次の3つのことを知ることが目的である。1つは、今後の市場環境がどうなるのか（チャンスはないか、何かマイナス要因はないか）、2つ目は競合の動向はどうなってきているのか、3つ目は自社の強みと弱みは何かである。この3つを知るために、マクロ環境分析、ミクロ環境分析の2つを実施する。

　次に、「基本戦略」フェーズでは、中長期的戦略を立案する。中長期的戦略は具体的には自社の持つ強みをどう継続的に伸ばし、永続的な企業の成長基盤をつくるかである。

　次に、「実行戦略」では、この基盤をマネジメント層に落とし込むために、バランススコアカードの分析やKSF、KGI、KPIの設定を行い、基本戦略で立案したものを具体的に5W1H（なぜ、何を、いつ、誰が、どこで、どのように）に落とし込んでいく。この5W1Hを実際に現場のスタッフが実施する、したくなるようにするため、HRの設計、OBの設計を行う。

　最後の「展開」および「定着」．フェーズでは、Plan - Do - Check -

ActionのPDCAサイクルを8つのパートに分解し、船井総研がいかに立案した戦略を具体的に落とし込んでいるのかを理解していただく。

本書では、第2部で「現状分析」、第3部で「基本戦略」、第4部で「実行戦略」、第5部で「展開」と「定着」を詳細に説明していく。

■経営戦略の必要性

書店に行くと経営戦略について書かれた本が多数並んでいる。一体なぜであろうか。それは、近年の企業の優劣や未来を担っているのが、戦略の「有無」や「良し悪し」であるからと言える。

1955年から1970年代中頃までの約20年間に、日本経済は飛躍的な成長を遂げた。経済成長の三大要因として、「資本ストックの増大」「労働力供給の増大」「技術進歩」が挙げられる。

経済成長の推移を、年代ごとに年平均伸び率でみると以下のとおりである。

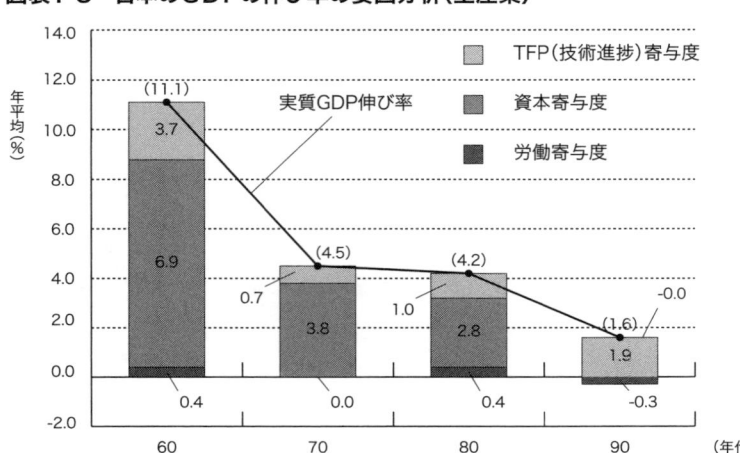

図表1-3　日本のGDPの伸び率の要因分析（全産業）

注1：TFP★＝実質GDP伸び率−労働分配率×労働力（就業者数×総実労働時間）伸び率−資本分配率×資本ストック伸び率
　2：それぞれ採用期間の平均伸び率及び寄与度。
　3：政府及び対象計民間非営利サービスを除いた数値。
経済産業省「通商白書」による。

第 1 章　経営戦略の実際

（1）1960 年代はほぼ 10％を超える高度成長を達成
（2）1970 年代は二度のオイルショックを経験したが、それでも 1970 年代前半で 5.7％、後半で 4.2％の成長を果たした
（3）1980 年代は前半が 3.4％、後半はバブル景気により 4.8％の成長
（4）1990 年代はバブル崩壊の影響を受け 1.1％の低成長となる

　このように 1990 年代以降、経営環境は大きく変化した。それまでは、日本経済全体が成長曲線にあったため、ある程度伸び続けている業界に属していれば、企業は成長し続けることができた。ところが、バブル崩壊後は経営戦略の優劣により大きく業績が変化するようになった。
　その理由は、市場環境が厳しくなり、環境に依存した成長が望めなくなったからである。つまり、市場の先を読み、企業にとって有限であるヒト・モノ・カネといった資源を効率的に企業競争力強化のために注いだ企業のみが、市場の勝者になると言える。
　そのため、企業の方向性を指し示し、前述した経営資源を「何に」「どれだけ」「どのように」振り分けるかを計画的に実行する経営戦略はその重要性を高めているのである。

3 船井総研の立案する経営戦略と他社との違い

■船井流経営戦略の魅力

　船井総研の経営戦略は「現場主義」を徹底しており、机上だけで作り上げたものではなく、数百件もの案件をサポートした経験から構築してきた、いわば現場から導き出された経営戦略である。
　「最終的に現場での実践にまで落とし込んでいくこと」。これが船井総研の経営戦略の魅力と言える。実際の支援先の現場の状況と照らし合わせながら、徹底した「現状分析」を行い、「基本戦略」を立案し、さらに「実行戦略」へと移行させて、社員・スタッフに無理なく「展開・定着」していくという一連の流れを行うことによって、「これでもか」というほどの具体性のある戦略を立案させる。そのため、多くのコンサルティング会社のレポートでありがちな、「大局では正しいが、具体性に乏しく、現場が動けない提案」とは一線を画した具現化された戦略の立案が可能となり、経営幹部・現場の社員ともに「総論賛成・各論賛成」の成果があがる経営戦略を実現できる。

■思いつきで戦略づくりを行ってはならない

　船井総研の一般向け公開セミナー「フナイコンサルティングアカデミー（ＦＣＡ）」で、経営戦略について弊社のコンサルタントにレクチャーをするとき、注意することがある。それは、コンサルタントとしての経験が浅いと、お客様に提案する際に、どうしてもその場の思いつきに近い、他社はＡとい

図表1-4　他社と船井総研の経営戦略の違い

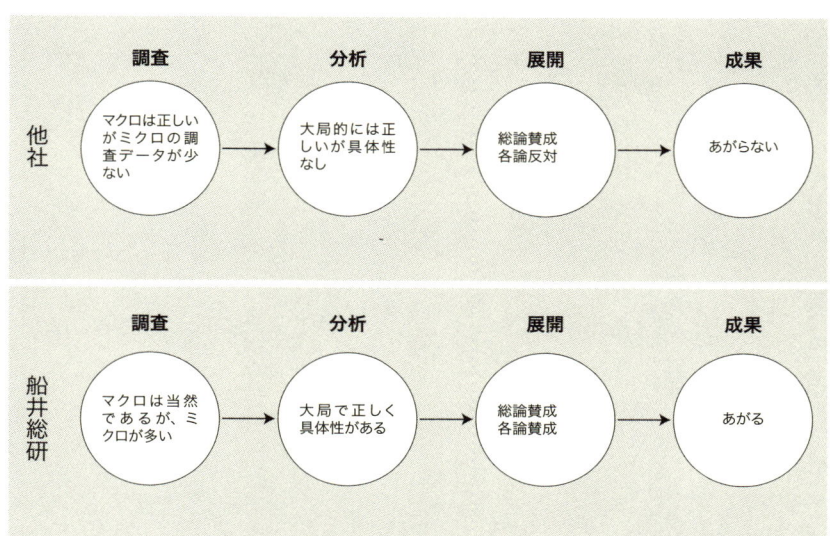

うやり方で成功したから、自社もＡをやってみましょうというような内容で業績を活性化させる案を提案してしまうことである。このようなやり方は場合によっては成功することもあるが、むしろうまくいかないケースの方が多い。

経営者は大切な経営資源を事業に対して投資しているわけで、投資がうまくいかなかった場合はそれはすべてムダになる。前述したように、現代のような経営戦略の良し悪しによって大きく業績が影響するような時代において、上記のようなバクチ的なやり方は好ましくない。

「昨日の反省、明日の計画、今日の実行」と今やることをきちんと整理し、実績と業績を踏まえながら次の手段を考え、一番リスクが少なくて効果が上がる方法を考え、実践しなければならない。

もちろん、経営戦略を立てれば100％成功するとは必ずしも言えない。しかし、自社・他社の現況をきちんと押さえ、予測をしていく中で一番リスクが少なく効率的な業績のフレームを考えながら経営戦略を立てていくことが肝要である。

経営戦略の考え方

| 1 | なぜ戦略は実現されないか
| 2 | 事業の全体像を俯瞰する
| 3 | フレームワークで
　　　経営戦略を考える

1 なぜ戦略は実現されないか

■経営戦略とは何か？

　経営戦略とはシナリオ作りである。
　つまり、「業績を左右する企業競争力をいかに創造していくかというシナリオづくり」のことである。
　優れた企業間競争力をつけ、それを発揮するために必要なのは、まず企業のコンセプトを明確にすることである。現在、大企業のみならず中小企業においても、業績が良い企業は明確なコンセプトを打ち出し、そのコンセプトを具現化するために、経営資源を集中させている。一方、業績が上がらない企業は、このコンセプトが不明確であり、結果、経営資源も分散してしまい、競争力を失ってしまう。
　コンセプトを明確にすることこそが、経営戦略において最も重要なことである。コンセプトを基に正確に作られた経営戦略により、戦闘を着実に実行することができる。
　第1巻『経営の極意』でも述べたが、たまに支援先の経営者の方から、「これだけ市場環境が不透明なのだから、経営戦略を立案しても意味がないのではないか」と質問されることがある。では、実際に、戦略は立てたほうがよいのだろうか。それとも立てないほうがよいのであろうか。この質問に対し、船井総研の創業者である船井幸雄は、「計画的に生きられる力がついたときは、計画的なほうが伸びる」「計画的に生きられないときも、計画的に生きることを志したほうが伸びる」という原理原則があると40年にわ

第2章　経営戦略の考え方

たるコンサルティング経験から述べている。実際、成功している企業・経営者には必ず計画性がある。

そのため、いくら外部環境が複雑になろうとも、戦略を立てることは企業の業績を伸ばすために必要不可欠であると言える。また、前述したが、現在の時流からも、優れた経営戦略を立てることが業績の良い企業になることと言える。

■経営戦略はなぜ実現されないか

高度経済成長を終え、市場が成熟している現代社会においては、顧客からのニーズがますます多様化してきている。かつてのように経営戦略を立てないやり方では、経営が難しくなってきていると言える。

中間管理職のみならずスタッフ層の意識や行動の方向性を合わせることができれば、最小の投資で最大の効果が発現できる。したがって、適切かつ明確な経営戦略を立案し、それを共有することにより、事業の成功率は高くなる。

しかしながら、実際の現場においては、経営者・トップマネジメントは日常の業務に忙殺されて、経営戦略の立案にまで手が回らない状況にあると言える。

このような環境の中、経営戦略の重要性は重々わかってはいるものの、経営戦略のことを考える時間が持てなかったり、また、どうしても後回しになったりしまいがちである。また、経営戦略を立てたとしても、その策定段階で虚しさを覚える場合も少なくない。

このような状況に陥る大きな原因として、「策定しても実現できないから」という理由が考えられる。経営戦略が具体的に実現されない理由を、以下に箇条書きにする。

①市場における自社の立ち位置（ポジション）が明確になっていない
②自社が属する業界構造を理解できていない
③名ばかりの経営戦略となり、目指すべきところがはっきりしない

④戦略自体が不明確である
⑤戦略自体は明確ではあるが、日々の業務での具体的な落とし込みができていない
⑥スタッフ層のモチベーションが低下している
⑦戦略を導入した初期段階は成功していたが、時間の経過によりまた元の状態に戻ってしまう

　このように、経営戦略を立案する上で、上記のような点が問題となってくる。
　まず1番目と2番目の、
「①市場における自社の立ち位置（ポジション）が明確になっていない」
「②自社の業界構造を理解できていない」
の2点であるが、これは市場や自社を取り巻く環境の「現状」についての分析が不十分ということである。マクロな視点ばかりでなく、ミクロな視点においても自社がどのようなポジションにいるのかを明確にする必要がある。
　次に3番目の、
「③名ばかりの経営戦略となり、目指すべきところがはっきりしない」
は経営戦略そのものの立案の仕方に問題があると言える。
　続いて4～6番目の、
「④戦略自体が不明確である」
「⑤戦略自体は明確ではあるが、日々の業務での具体的な落とし込みができていない」
「⑥スタッフ層のモチベーションが低下している」
は、戦略を詳細に落とし込んでいく際に問題点があると言える。
　最後の7番目の、
「⑦戦略を導入した初期段階は成功していたが、時間の経過によりまた元の状態に戻ってしまう」
は、経営者やトップマネジメントが打ち立てた戦略をスタッフ層に展開してはみたが、フィードバック・進捗管理・チェックなどを行わなかったため、定着が滞っている状況である。

第2章　経営戦略の考え方

　以上のように、現場への落とし込みまで含めた経営戦略が実現・達成できない状況が、「1．環境分析」「2．基本戦略立案」「3．実行戦略立案」「4．展開」「5．定着」というそれぞれのフェーズにおいて、発生していることがわかる。このようにいくつかの"フェーズ"で分類することができれば、その対処方法も各フェーズにあわせて対処が可能であり、効率的であると言える。

■ "フェーズ"ごとの問題点

　経営者やトップマネジメントは、毎日の業務の中で大なり小なり何らかの問題が発生し、その問題解決のための決断・意思決定に追い立てられていることが多い。
　「経営戦略の策定」という課題は、本来ならばかなり上位に位置づけされるべき業務であるにもかかわらず、そのような日常業務に追い立てられていると、「予算の作成」とつけ焼き刃に近い「経営方針」を立てることで手一杯となる。
　しかし、戦略の立案の際、前述した5つのフェーズ（環境→基本戦略→実行戦略→展開→定着）ごとに問題点が分かれていれば、戦略策定にいたる過程でつまずいてしまうプロセスを理解し、どのフェーズにおいて戦略を修復すべきか、そのポイントが明確になってくる。
　フェーズごとに考え、それぞれのプロセスにおいて正しい考察を行うことができれば、「ヒト・モノ・カネ」を効率的に投資でき、「ムダ・ムラ・ムリ」のない経営戦略を立てられるばかりでなく、的確で実践に即した戦力が構築できる。この各フェーズの中身を明らかにしていくことによって、的確な経営戦略の構築を目指す。
　このフェーズの全体像と、それぞれのプロセスにおける正しい考察について概観を見ていくことにする。
　フェーズの全体像であるが、これを考えるためには物事を俯瞰してみる（全体から見る）ことの大切さを理解する必要がある。

2 事業の全体像を俯瞰する

■**全体を俯瞰することの大切さ**

　何かプロジェクトを任せられたときに、そのプロジェクトを円滑に効率よく進めるコツは何であろうか。
　そのためには、いきなりどこか小さなパートにとりかかるのではなく、プロジェクトの目的とその目的を達成するまでの全体スケジュールを確認し、自分がやるべきこと、他人に任せるべきことを決定することである。つまり、プロジェクト全体の目的を大きくとらえることができれば、自分が今いるポジションで何をやるべきかが明確になってくる。
　したがって、プロジェクトの日々の作業・業務を行うときにも、ただ目の前にある業務を黙々と行うのではなく、高所・大所の幅広い視野で見ることがとても重要である。これは、プロジェクトばかりでなく、経営戦略についても同様に言えることである。
　では、経営戦略を立案する上でまず把握すべき全体像とは何であろうか。たとえば、ある玩具の企画・販売をしている企業を考えてみる。次ページの図を参考にしていただきたい。どのような業種・業態であったとしても、企業の全体構造は「タテ」と「ヨコ」の両面で構成されている。そのため、まずは企業の「タテ」と「ヨコ」を整理することが重要である。
　「タテ」とはどのような事業や商品を、それぞれどのようなお客様に販売しているかという、「マーケットに対する事業の広がりとその構成」を示す。たとえば、商品群別の「売上構成比」などはわかりやすい例と言える。

第2章 経営戦略の考え方

図表 1-5　事業の全体構成としての「タテ」と「ヨコ」

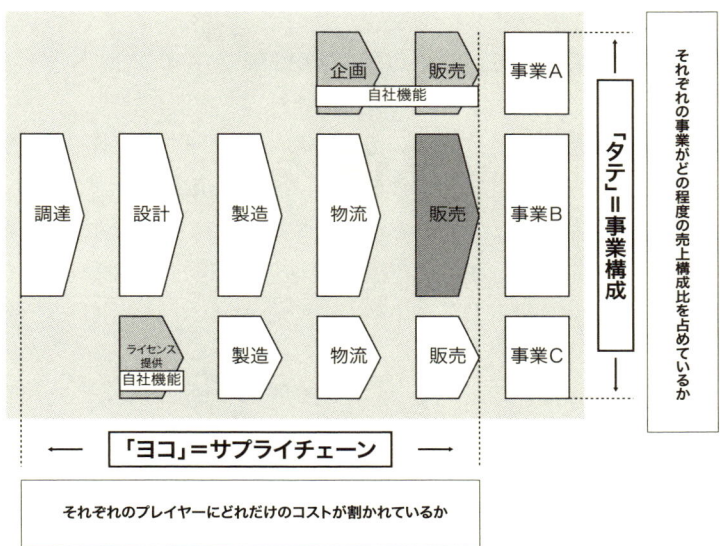

　この企業では、A、B、Cという3つの事業があったとする。
「Aが企画販売をしている事業」
「Bは小売販売をしている事業」
「Cが日本におけるあるキャラクターの独占販売権を持っている事業」
である。

　商品、つまりA事業の「企画販売」、B事業の「商品」、C事業の「キャラクターグッズ販売による収入」の売上構成比と、それぞれの主要なターゲットを明確にすることにより、「タテ」の構造が理解できる。
　一方、「ヨコ」とはサプライチェーン上で、「各工程で発生するコストの収益構造」を意味する。発生するコストは、それぞれの工程で担当している会社の収益となる。したがって、ここでは、A、B、C事業のそれぞれの商品が、どのような手を経て顧客の手に届くかというビジネスの流れになる。
　一般的に商品が顧客に届くまでの流れを表したものを「サプライチェーン」と呼ぶ。このサプライチェーンで、企業がどれだけの利益分配をしてい

29

るかという構造を理解することができる。

■全体構造を理解する上で忘れてはならないポイント

　全体構造の理解とは以上を指す。ここで忘れてはいけないポイントがある。それは、事業の広がりを理解する「タテ」に関する市場動向、つまり「マーケット規模とその推移についての考察」である。それぞれの商品の市場ボリュームがあるかを把握し、また、今後はどのような推移で増減していく可能性があるのかを予測しなければならない。

　このようにして「タテ」と「ヨコ」からなる全体像を見ていくことにより、鳥瞰図（バードビュー）のように、自社の業界全体を俯瞰することができる。この全体構造図より

①「タテ」からは対象となるお客様の絞込みと事業や取扱商品の組み合わせ」
②「ヨコ」からは利益モデル

が、明らかになってくる。経営戦略を立案・実行する際には、実はこの視点が必要になってくる。自社を取り巻く環境をこのように俯瞰し、全体構造を理解することによって、経営戦略上必要な事業領域の決定や目標を定めた基本方針を打ち出すことが、リスクを最小限にとどめたモレ・ダブリ・ムラの少ない効果的な経営戦略を策定することを可能とする。

■業種ごとのサプライチェーンの例

　次ページに製造業、小売業、広告代理店におけるサプライチェーンの例を入れた。自社のサプライチェーンを作成するときの参考にしていただきたい。

第2章 経営戦略の考え方

図表 1-6　業種ごとのサプライチェーンの例

製造業	研究開発	調達	製造	物流	マーケティング	サービス	販売
小売業	商品開発	仕入れ	物流	広告宣伝	店頭マーチャンダイジング	営業	サービス
広告代理店	メディア購買	顧客開拓	商品企画	企画の販売	広告制作	実施	モニター

3 フレームワークで経営戦略を考える

■経営戦略はフレームワークで考えよう

　2006年から日本の人口が減少しはじめたことや、船井総研でお付き合いをさせていただいている多くの業種・業態の様子を見ると、現在の市場環境は多くの市場において市場の拡大が見込めない状況であり、飛躍的な業績向上は期待できない。したがって、マーケットの先、またさらにその先を読み、自社にとって有限である「ヒト・モノ・カネ」といった資源を有効に、また効率的に注力していった企業だけが競争に勝ち抜いていくことができる。

　そのためには、前述のように思いつきで行動するのではなく、まず事業の全体概要をつかむことが何より大切である。全体をとらえることにより、リスクを最小限に抑えた戦略を構築することが可能となる。そのためには、フレームワーク（物事を論理的に分析していくための枠組み）を使用することが効率的である。

　フレームワークを使用する最大の魅力は、「モレ」や「ダブリ」を未然に防ぐことができる点である。このように「モレ」や「ダブリ」を防ぐ思考方法を「MECE（ミッシー）」と呼ぶ。

　「MECE（ミッシー）」とは、"Mutually Exclusive collectively Exhaustive" の略で、「それぞれが重複することなく、全体集合としてモレがない」という意味である。MECEは単純な集合に関する概念であり、ビジネスにおける問題分析を行う上で重要な考え方である。MECEを活用するためのポイントとして、

第2章　経営戦略の考え方

「モレが生じることにより、的外れになっていないか？」
「ダブリによって、効率性が落ちていないか？」
「MECE により、優先順位を正確にとらえているか？」

などの視点が考えられる。逆に言えば、MECE を実現するためにはフレームワーク思考をすることが最も近道なのである。

■フレームワークの考え方

たとえば、小売業における売上アップを検討するには、どのようなフレームが考えられるだろうか。考えられるフレームとして、

「客数×客単価」
「M／S（マーケットサイズ）×商圏人口×シェア」
「レジ台数×レジ 1 台あたり売上高」

などが考えられる。このようなフレームは無限に出てくるが、売上高を構成する要素に分解してモレやダブリがないように組み立てればよいだけである。構成要素の掛け算や足し算が「売上高」とぴったり合致すればよい。
　このように、大きな課題もフレームごとに分解していけば、1 つひとつのフレームの枠の中での思考はとても容易になる。
「売上高」という大きなくくりで考えてしまうと、どうしても思考が拡散しがちになってしまうが、たとえば、「客数×客単価」で考えるとすれば、まずは「客数」にテーマを絞って考えればよい。

「1 日あたりの現況の客数はどれくらいなのか？」
「男女の割合はどれくらいか？」
「年齢層別の客数は？」
「時間帯別での客数は？」

一方、「客単価」について考えてみる。

「お客さま1人当たりの平均単価はいくらか？」
「年齢別での単価はいくらか？」
「お客様1人あたりの購入点数はいくつか？」

　このように現状を把握し、その後で客数や客単価の向上についての打ち手を検討していくのである。フレームワークを行う際にはモレやダブリがないように注意しながら、大きな構成要素から小さな構成要素へと少しずつ落とし込んでいくことが重要である。
　フレームが大きすぎるようであれば、フレームをさらに細かく分けて考える。「客数」であれば、「男性客＋女性客」というように、フレームをさらに細分化していく。
　次に、「Ｍ／Ｓ（マーケットサイズ）×商圏人口×シェア」について考えてみる。Ｍ／Ｓとは国民1人当たりの単品における年間購入額であるが、売上を上げるには、個々の数字を上げていけばよい。
　たとえば、マーケットサイズを大きくするには、取り扱いの商品品目を多くする。商圏人口を広げるためにはチラシの配布範囲を広げてみたりすることである。
　売上の方程式を次ページにまとめたので、参考にしていただきたい。

■フレームワーク思考の効能はＭＥＣＥの具現化である

　ここで、再度ＭＥＣＥの概念を忘れないようにしたい。経験の浅い経営者やコンサルタントが上述のようなフレームワークを作成してみると、いつの間にかフレームワークのことは忘れてしまい、目の前にある業績向上のアイデアを、思いついたまま考えて行動してしまいがちとなる。
　しかしながら、フレームワークは、失敗を未然に防ぐために存在するのである。フレームを積み上げたときに全体像とぴったり合致することが大切な

第2章　経営戦略の考え方

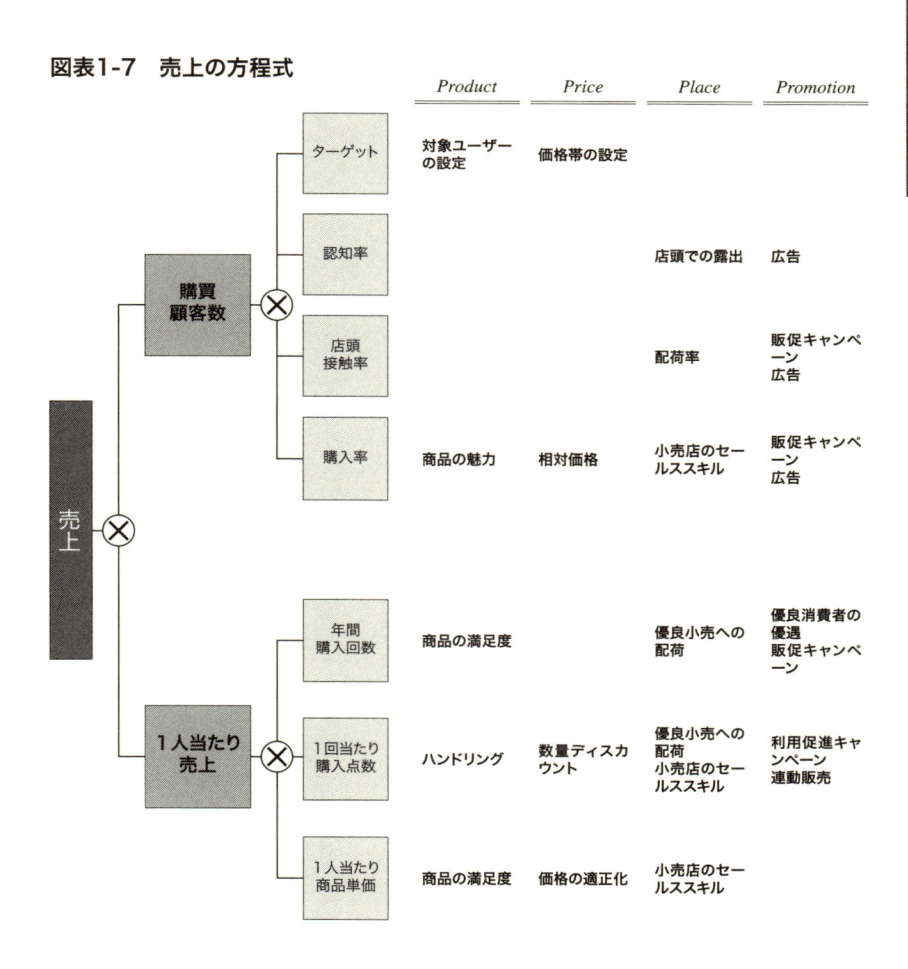

図表1-7　売上の方程式

		Product	Price	Place	Promotion
購買顧客数	ターゲット	対象ユーザーの設定	価格帯の設定		
	認知率			店頭での露出	広告
	店頭接触率			配荷率	販促キャンペーン／広告
	購入率	商品の魅力	相対価格	小売店のセールススキル	販促キャンペーン／広告
1人当たり売上	年間購入回数	商品の満足度		優良小売への配荷	優良消費者の優遇／販促キャンペーン
	1回当たり購入点数	ハンドリング	数量ディスカウント	優良小売への配荷／小売店のセールススキル	利用促進キャンペーン／連動販売
	1人当たり商品単価	商品の満足度	価格の適正化	小売店のセールススキル	

売上 ＝ 購買顧客数 × 1人当たり売上

のである。したがって、フレームワーク思考の効能は「MECE の具現化」と言い換えてもいいかもしれない。

経営戦略を考える際にもフレームワークは存在する。MECE の概念にしたがって、「モレなくダブリもなく」、正しく経営戦略を立案し、さらにはその経営戦略を具現化するためのシナリオを MECE の概念に沿って描いていく。このようなフレーム作りを船井総研は行っている。

このフレーム作りは学術的な机上の空論ではなく、数百件の案件をサポートした経験から構築して導き出したものである。いわば現場から創出したフレームと言える。詳細は第 2 部以降で説明していく。

もちろん個々の会社独自の問題があり、完全にモレ・ダブリをなくすことは不可能ではある。しかし、長年のコンサルティングの経験からおよそ 80％の確率で「モレ・ダブリ」がないシナリオを描くことができる。フレームワークをとらえ、全体を俯瞰することができれば、その戦略は現実的には成功する可能性が高いと言える。

FUNAI CONSULTING
Immediate Performance
Improvement Series

第2部

現状分析

第1章

現状分析の基礎

|1| 現状分析のポイント
|2| 現状分析の重要性
|3| ヒアリングで
　　全体像をつかみとる

1 現状分析のポイント

■現状分析の重要性

　経営戦略を検討する上で、最初に行なわなければならないのが、「現状分析」である。自分（自社・自部門）の立ち位置を知ること、つまり置かれた環境と、その中で自分が位置する場所はどこか、また、自分の長所となる武器は何なのか、そして、その長所となる武器を現況でどのように利用していくのかを考えていくことは決して無駄なことではない。むしろとても大切なことである。

　しかしながら、実際にコンサルティング業務を進める中で、現状分析の大切さを理解していない経営者やビジネスマンが多いと言える。船井総研では、一般公開向けの「経営コンサルティング能力養成講座、フナイコンサルティングアカデミー（FCA）」を定期的に行なっており、多業種にわたっての参加申し込みがあるが、コンサルタントの卵に演習を行なってもらうと、現状分析を充分に行なわないまま、すぐに具体的な「やり方」の検討をしてしまう傾向にある。そのため、やり方がどうしても「思いつき（アイデアフラッシュ）」の粋を抜けず、モレが多く、かつ効果的な打ち手かどうかを見極めることができない傾向にある。

■考察すべき検討事項

　次ページの式からもわかるように、第2のフェーズである基本戦略を構築

第1章　現状分析の基礎

する上での検討材料が、すべてこの現状分析フェーズにかかっているわけである。そのため、現状分析は十分に行う必要があり、避けて通るべきでない。

【①現状分析×②基本戦略×③実行戦略×④展開×⑤定着】

ただし、矛盾するようであるが、100％完璧な検討材料を用意しようと思う必要はない。現実のビジネスの世界では、経営判断のための材料が100％揃うことなどあり得ない話である。実際には70〜80％程度の材料が揃えば、充分に経営戦略を立案するための検討はできるのである。

現状分析では、以下のような視点からの考察が必要である。

・市場の大きさと伸び率
・顧客特性
・業界構造
・競合分析
・自社分析
・成功事例に学ぶ手法（モデル商法）

これらの1つひとつを検討し、俯瞰図をつくる。特に「市場の大きさと伸び率」や「顧客特性」は、つくった俯瞰図が正しいかどうかを数値で検証していく必要がある。数値での検証結果が著しく異なる場合は、改めて俯瞰図をつくり直せばよい。

現状分析を行なう上で忘れてはならないポイントは、最後の項目「成功事例に学ぶ」である。異業種における成功事例を調査することを「モデル商法」と呼ぶ。自社をとりまく経営環境を把握した上で、「環境分析」フェーズ以降で自社の打ち手を決定していくわけであるが、自社のオリジナリティを発揮し、失敗のリスクを最小限にとどめることは、実は容易なことではない。

したがって、同業種・異業種を問わず、成功している事例とそのポイントをまとめ、自社の特性に合わせて吸収していくことが効率的である。

第2部　現状分析

2 現状分析の重要性

■分析の視点と情報の捉え方

　戦略構築について、間違いなく言えることは、

「的確な現状分析ができていれば、おのずとその企業が進むべき道、とるべき戦略、そして優先実施事項などが見えてくる」

ということである。
　したがって、内部・外部環境を含めた分析を徹底的に行うことが重要である。船井総研の立案する経営戦略は、展開や定着まで含めた「実際に動く」経営戦略である。実際に現場の方が動けるまでの戦略を立案するためには、いかに細かく、現場の情報を求めるかにかかっている。
　そのため、経営戦略を立案する際にはこの現状分析に全体工程の50％以上をかけることが多い。
　企業分析と戦略構築を体系化すると、次ページの図のようになる。
　まず、分析結果としては、自社の現状を内なる目でとらえる内部環境調査と、自社の分析を外へ目を向けて考える外部環境調査に分かれる。また、その調査の内容としては、現在の実態をとらえる動態データと過去の統計データから調査する静態データに分けることができる。
　動態データとして有効なのが、競合と自社の営業力を実際に現場を見て比較する現場調査である。一方、静態データは国の機関や業界団体が作成して

第1章　現状分析の基礎

図表2-1　企業分析と戦略構築

分析視点
- 内部環境 … 内なる目
- 外部環境 … 外への目

×

情報の捉え方
- 動態データ … 現在の実態
- 静態データ … 過去の実態

	内部環境分析	外部環境分析
静態分析	企業の過去を知る	市場の過去を知る
動態分析	企業の現在を知る	市場の現在を知る

⇩

企業の「未来」(戦略)を構築

内部環境分析の視点

- 事業方針とトップの考え方
  - 企業とトップの理念、ビジョン、戦略、方針など
- ビジネスモデル
  - 商流・金流・物流・情報流など
- 人と組織
  - 組織、人事、教育、従業員モチベーションなど

↓

結果としての数値・業績

外部環境分析の視点

- ○その企業が位置する業界動向
  - ・業界の大きな流れ　・業界トップの動き、戦略
  - ・業界の新しい潮流　・業界市場規模とその動向
- ○対象とする顧客層の動向
  - ・対象エリア／対象数の動向　・対象顧客層の意識
- ○直接の競合動向
  - ・競合の戦略　・競合の規模推移　・競合の現状

⇨ 過去と現在の強みと弱みを導き出す

⇨ 過去と現在の機会と脅威を導き出す

企業のあるべき姿

企業の現状とSWOT結果

長期的視野に立った企業戦略の立案と実行仮説を持ったコンサルタントとして企業分析を行える

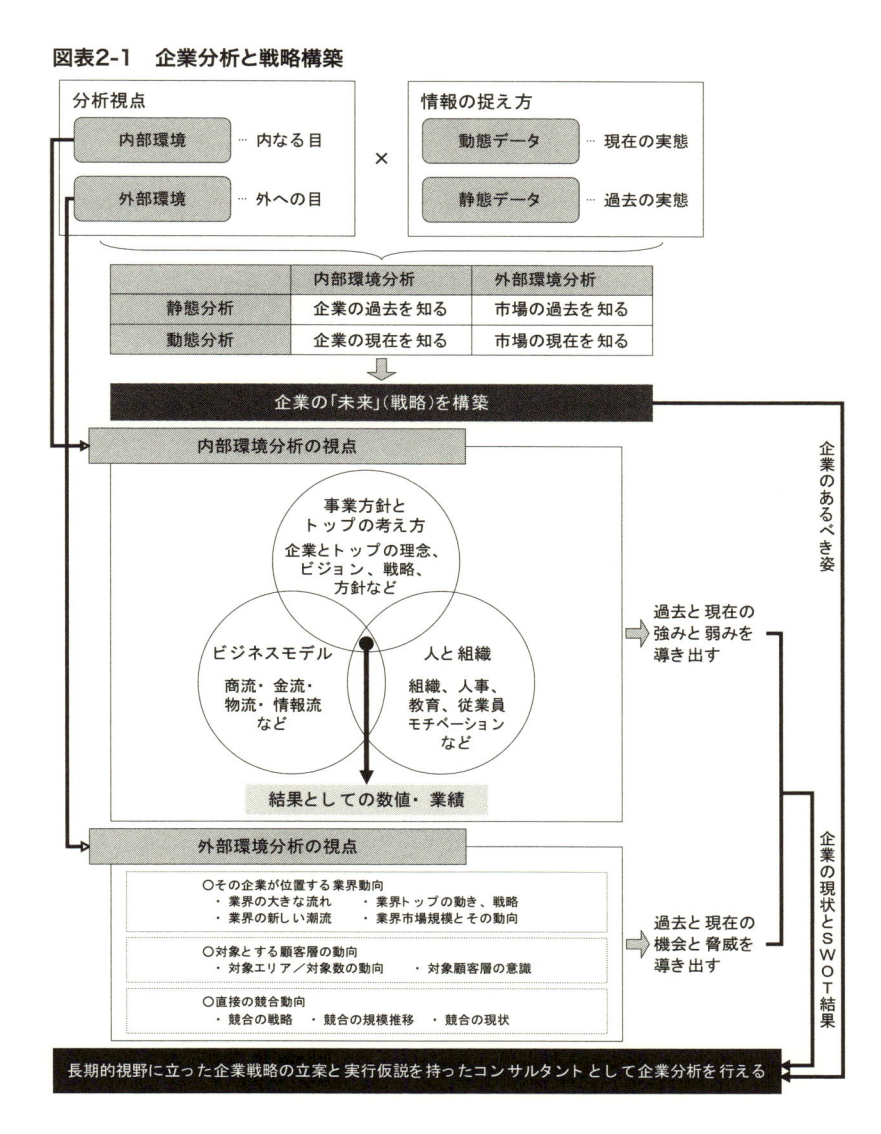

第2部　現状分析

いる資料が見つかればすぐに作成することができるが、今の現場がどうなっているのかの動態データは、実際に足を使って現場に行かなくては得ることができない。

そのため、動態データは戦略を立案する際に十分に集めないことがあるが、ここで十分な動態データがないと、当然方向性を間違えることもあるし、何より戦略に具体性が欠けるため、総論では正しく、賛成できる戦略ではあるものの、現場レベルに落とし込む各論レベルでは受け入れられない戦略になってしまう。あくまで、経営戦略は企業の未来を考えることであるのだから、今のデータである動態データを十分に集めていきたい。

こうした分析視点（内部環境・外部環境）、情報の使い方（動態データ・静態データ）の2つずつのマトリクスで、企業の過去・現状、市場の過去・現状の4つを知ることができる。この4つを知ることで、初めて戦略を立案することができるのである。

内部環境分析の視点としては、大きく以下の3点がある。すなわち、①事業方針とトップの考え方、②ビジネスモデル、③人と組織である。

一方、外部環境の視点としては、以下の3点をポイントとする。すなわち、①その企業が位置する業界動向、②対象とする顧客層の動向、③直接の競合動向である。

■現状分析の重要性

①現状分析×②基本戦略×③実行戦略×④展開×⑤定着

繰り返すが、上記の「現状分析」から「定着」までの5つの流れには大きな意味があり、思いつきで経営戦略を構築するわけにはいかない。ここではもちろん、市場における自社の立場を明確にすることが狙いとなる。

上記の5つのステップにおいて、「現状分析」はスタート地点である。前述したように、まず現状を正確にとらえることで、危険性を最小にして最大の効果を得る戦略を立てることができる。

しかしながら、船井総研の支援先で、「現状分析」のフェーズを実施する

第1章　現状分析の基礎

ことを提案すると、この重要性を認識せずに「省略してほしい」と言われるケースがある。また、支援先から提供された資料のみで判断を迫られるケースもある。そのような場合、原則に従った正確な現状の把握が行われていれば問題はないが、必要なデータを揃えていなかったり、定量的なアプローチがされていなかったりするときはまちがった戦略提案につながってしまうため、必ず現状分析を実施させていただいている。

　また、現状分析は、市場、顧客、競合、自社といった枠組みで考えるべきであるし、定性的な内容だけでなく、できる限り定量的、つまり数値化して考えなければならない。たとえば、「今後日本における人口は減少していく」と言っても、実際に何年後に何％減少していくかを知らなくては、具体的な戦略は立案できない。

　現状分析では「限られた時間と範囲」の中で、企業の現状をより正確に体系だてて把握することが大切である。時間については、経営戦略を立案する際には必ず立案するまでに会社から求められている期日があるのでここで説明する必要はないが、範囲については説明しておく。

　戦略を立案する際には、できるだけ既存の枠にとらわれない自由な発想が必要なのであるが、その反面、必ずはみ出してはいけないラインがある。それが、その企業特有の企業理念である。そのため、経営戦略を立案する前に必ずその企業の経営理念とは何かを十分に把握する必要がある。

　次ページの図を参照していただきたい。まず、全体的な企業の理念がある。そして、現状があっての目標・ビジョンがある。そのビジョンをどのように達成するかが戦略である。ビジョンに向かっていくために、第一歩目の目標設定とそのための具体的実施事項を設定し、ビジョンに向かって積み上げていく必要がある。

　経営者・コンサルタントは短期間で企業の現状を見抜けないと、「戦略立案」はうまくいかない。「どこに課題があって、どう解決していけばいいのか」をすばやく見抜ける能力が要求される。

　そのために、必ず押さえなければならないのが、前述した企業理念と業界全体の中でその会社はどういうポジションにいるのかをまず見ることである。ポジションの確認については外部環境分析で行なう。

第2部　現状分析

図表2-2　経営理念の必要性

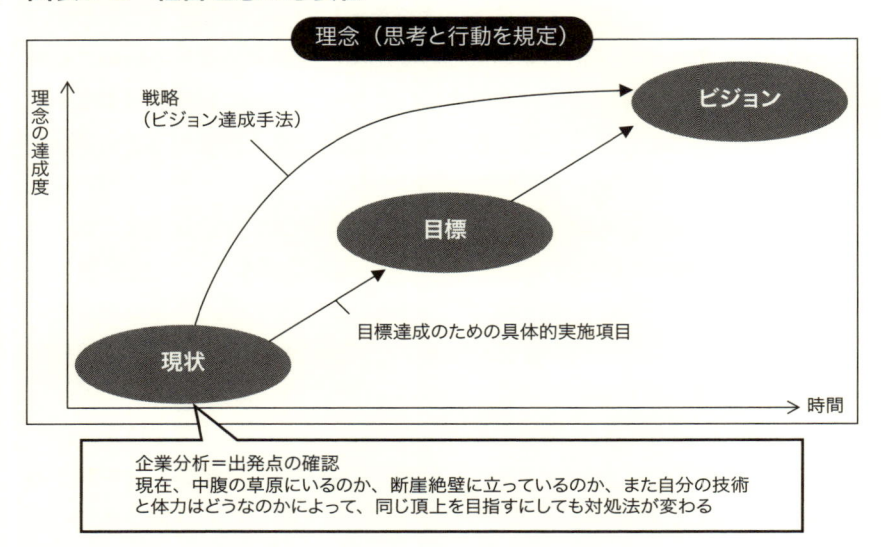

理念（思考と行動を規定）

理念の達成度

戦略
（ビジョン達成手法）

ビジョン

目標

現状

目標達成のための具体的実施項目

時間

企業分析＝出発点の確認
現在、中腹の草原にいるのか、断崖絶壁に立っているのか、また自分の技術と体力はどうなのかによって、同じ頂上を目指すにしても対処法が変わる

　そして、自社の足元をさらに深く掘るために自社の内部環境分析を行なう必要がある。もちろん、内部環境分析を行なうことにより、業界の中でのポジションがさらに明確になってくる。

■氷山理論で経営理念を整理する

　企業の理念やビジョンをヒアリングする際には、次ページにある氷山理論の図を意識してヒアリングするとよい。
　氷山理論とは、お客様から見える企業の商品や店舗は、まるで海に浮かぶ氷山が全体積の10％しか海上に表出していないのと同じように、表面に見えない部分が全体の90％あるという理論である。
　この表出していない部分には、オペレーション戦略やトップの経営観、人生観といったものがあり、こうした表出していない部分を理解しなくては、その企業を理解したとは言えない。そして、企業の力とは、こうした「目に見える部分（可視領域）」より、むしろ「目に見えない部分（不可視領域）」

第1章　現状分析の基礎

によって決定づけられている。

　企業の理念やビジョンは創業者や歴代トップの経験から来る人生観や経営観といったものをベースにしてつくられていることが多い。そのため、経営理念やビジョンを理解するためには、企業やトップの歴史をヒアリングすることがその第一歩である。企業の理念やビジョンを深く理解するためには、「こちらの会社は何年に、どのような業種で創業されたのですか」「社長は前職で何をされていて、なぜ会社を起こされたのですか」といったような、社史やトップの生い立ちをヒアリングするとよい。

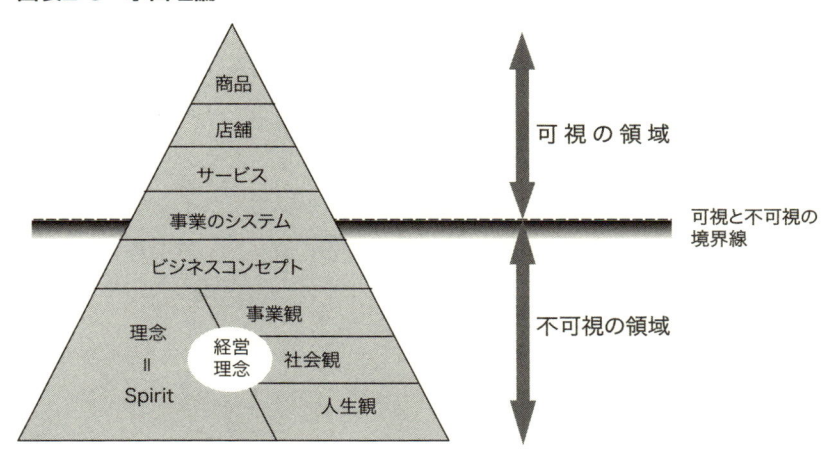

図表2-3　氷山理論

ピラミッド図（上から下へ）：
- 商品
- 店舗
- サービス
- 事業のシステム　←可視と不可視の境界線
- ビジネスコンセプト
- 理念＝Spirit（経営理念）／事業観／社会観／人生観

上部：可視の領域
下部：不可視の領域

3 ヒアリングで全体像をつかみとる

■ヒアリングのポイント

　マクロ・ミクロの環境分析を実際に行う前に、「何を調べるべきか」を調べるという作業が必要になる。第1部で説明した事業のタテとヨコを整理することも何を調べなくてはいけないかを知る1つの方法である。また、それ以外の方法としては、同業種の有価証券報告書を読み、どのようなことを市場環境として無視しているかを読み取ることも有効である。有価証券報告書は各社のホームページにも掲載されているが、それ以外はすべての会社の有価証券報告書をまとめているEDINETを利用するのもよい。

　コンサルタントとして、また経営戦略を立案する担当者として、何を調べるかを知る際に最も有効なのが、ヒアリングである。コンサルティングする場合は主に社長やトップ層にヒアリングする形となる。

　会社のことは何よりトップ層の方が深く考え、広く知っており、またどのようなデータが自社の業績に関わっているかを誰より知っているからである。

　ヒアリングは誰にでもできるように思えるが、うまくできるようになるにはテクニックが必要である。ここでいくつかヒアリングする上のポイントをまとめておく。

　まず、そのポイントとして、

①事前に最低限の知識を得ておくこと（準備）
②ヒアリング時間は2時間以内にすること（時間）

第1章　現状分析の基礎

③本音を引き出すためのヒアリングスキルを磨くこと（やり方）
④現場で実際に働いている人から聞くこと（対象）

が挙げられる。
　①の知識を得ておく効用として、以下の３つの効用がある。

・相手からの信頼を得ることができる（相手の業種や事業部のことをまったく知らないと、相手からの信頼が得られない）
・的確な質問ができる（トップヒアリングは短時間勝負。そのときの質問の仕方や角度で本音が引き出せたり、現状把握が早くできたりする。特にトップは時間の大切さを最も理解している人が多いので、早く聞き出すのがコツである）
・短時間での相手の企業や事業部の把握（不必要な質問をする必要がなくなるとともに、その会社が一般常識とどのように違うのかも短時間に理解できる）

　また、情報の収集は、現代ではインターネットを使って情報を入手することもある程度可能であるが、一番早いのはその分野に精通している人から直接聞くことである。船井総研では多業種に渡るコンサルティング実績があるため、社内にその分野に詳しい担当者が在籍しているので、その担当者に聞くことが一番早い方法と言える。一般の企業ではこのような状況はないと思われるので、実際に協会や出版社、他社へ自ら足を運んで実態の情報を得ることが重要である。
　続いて②であるが、実際にヒアリングを行なった場合、最初の１時間から１時間半の間に重要な情報を聞き出すようにすることが望ましい。重要なデータは最初の１時間から１時間半の間に約８割含まれていると言える。また、その方が時間をロスすることなく、短い時間の中で集中してヒアリングすることができる。
　より効率的にヒアリングを実施するためには、組織の「根源的な構造」を把握することが最も有効になる。組織の根源的構造とは、次ページの図のよ

うに表される。どのような組織体も、これが基本骨格となる。
　トップがいて、そのトップが事業の方向性を決め、それに基づいて仕組み（ビジネスモデル）とそれを動かす人（組織）ができる。そして、その結果が業績として表れる。ただし、あらゆる組織は外部からの影響を受けるため、方針やビジネスモデルといったものは常に変化する。
　この基本構造が、その企業ではどのようになっているかを理解できればよい。それを第１弾として、ヒアリングで把握する。ここでの分析は大きく分けると、次の６項目の状況を的確に把握することである。

（a）トップの考え
（b）事業方針
（c）ビジネスモデル
（d）人と組織
（e）結果
（f）外部環境

　以下にヒアリング質問事項をまとめた。どれも重要な項目であるので、必ずヒアリングしておきたい。

（a）トップの考え
①企業の歴史はどのようなものですか？
②創業理念の確認を行っていますか？
③（売上高など）経営数値の確認を行っていますか？
④地域などとのかかわりを持っていますか？

（b）事業方針
①企業の強みは何ですか？
②企業の弱みは何ですか？
③営業力は強いですか？
④企画・提案力は強いですか？

第1章　現状分析の基礎

図表2-4　組織の根源的構造

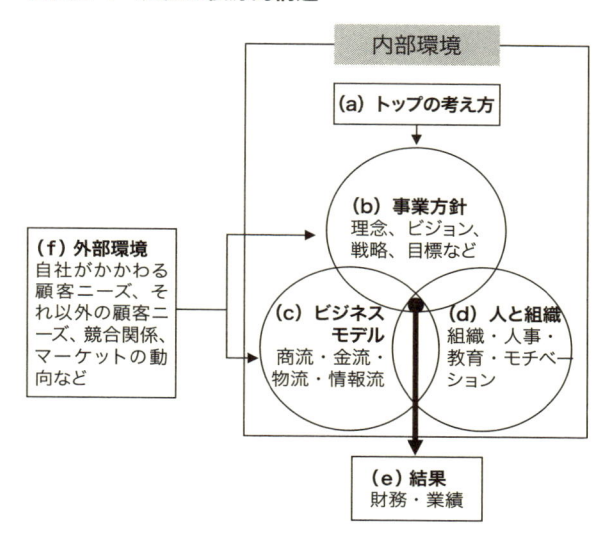

```
┌─────────────────────内部環境────────────────────┐
│                    ┌──────────────┐             │
│                    │(a) トップの考え方│             │
│                    └──────┬───────┘             │
│                           ↓                      │
│                      ╱ (b) 事業方針 ╲            │
│                     │  理念、ビジョン、│           │
│  ┌──────────┐       │  戦略、目標など │           │
│  │(f) 外部環境│──→   ╲             ╱            │
│  │自社がかかわる│      ╱    ╲  ╱    ╲           │
│  │顧客ニーズ、そ│     │(c)ビジネス││(d) 人と組織│  │
│  │れ以外の顧客ニ│     │ モデル   ││組織・人事・│  │
│  │ーズ、競合関係、     │商流・金流・││教育・モチベー│  │
│  │マーケットの動│     │物流・情報流││ション    │  │
│  │向など    │      ╲       ╱╲       ╱    │
│  └──────────┘            ↓                      │
│                    ┌──────────────┐             │
│                    │(e) 結果      │             │
│                    │財務・業績    │             │
│                    └──────────────┘             │
└─────────────────────────────────────────────────┘
```

⑤商品力は強いですか？
⑥価格力は強いですか？
など

（c）ビジネスモデル

①顧客ターゲットはどこですか？
②重点商品（主力・準主力）は何ですか？
③品質・技術面での現状・課題は何ですか？
④競合企業状況・対策はどのようなものですか？
⑤営業戦略・体制はどのようなものですか？
⑥取引先関係はどうなっていますか？
⑦新規事業への展開状況はどうなっていますか？
⑧モデル企業はどのようなものですか？
など

（d）人と組織

①予算制度はどのようになっていますか？
②賃金体系・昇格基準はどのようになっていますか？
③評価制度・目標管理制度はどのようになっていますか？
④組織体制はどのようになっていますか？
⑤権限委譲・各人の役割分担を行っていますか？
⑥プロジェクトチームの編成などはどのようになっていますか？
⑦コミュニケーション（部門・上下）はとれていますか？
⑧会議体系・進行状況はどのようになっていますか？
など

（e）結果
①ここ数年の売上の利益、社員数の推移はどうなっていますか？
②貸借対照表は現状どのようになっていますか？
③損益計算書は現状どのようになっていますか？
④キャッシュフローについては現状どのようになっていますか？
など

（f）外部環境
①自社の業績を考える上でどのような指標に着目していますか？
②自社の業績に影響を与える社会的変化は何ですか？
③自社の競合はどこですか？
など

　次に、③の本音を引き出すためのヒアリングスキルを磨くコツとして、以下のようなポイントがある。

・本気で相手の会社のことを考える
　まず、ヒアリングは見えないエネルギー交換だということを意識する。こちらが思っていることは、自然と相手に伝わる。ヒアリングの基本は、相手との信頼関係である。そのため、「本気で会社のこと、事業部のことを思っ

第1章　現状分析の基礎

・曖昧質問から限定質問へ

　時間が本当にないときは、聞きたいことのみをぶつける。しかし、2時間程度の時間があるのであれば、まず曖昧な質問から入るべきである。

　たとえば、外部環境のことを聞くにしても、「最近の外部環境はどうですか？」という質問から、話の流れで徐々に突っ込んだ話（「競合のA社はどうですか？」など）に切り替えていく。曖昧質問の効果は、その人が重要だと思っていることを、気にかかっていることから話し出すという点にある。

・関連質問の実施（話の流れ重視）

　ヒアリングの際、ヒアリングシートに基づいて順番に聞いている人を見かける。これは並列質問と言い、好ましくない質問のやり方である。聞くべき項目は前述した6項目（トップの考え方、事業方針、ビジネスモデル、人と組織、結果、外部環境）であるが、質問項目順に聞いていくと、話の脈略もなくなり、相手もあまり答えてくれなくなる。

　そこで、話の流れを重視し、その会話上から本質に斬り込んでいくことを実施するスキルを身につける必要がある。

・言いにくそうなことや言葉に詰まったときは、間接質問で攻める

　ヒアリングしていると、相手が言いにくそうにしていたり、言葉に詰まってしまうことがよくある。そのような場合は、たとえば他社の事例や自分の経験を話すなどして、本当に聞きたい質問を遠まわしに聞いていく。これは、言いにくそいうにしている部分に重要なポイントが隠されている場合が多々あるからである。

・「ここぞ」というときは、直接質問の実施と本気の態度で臨む

　「ここぞ」というときには、直接的な質問をぶつける。「○○について、どう思っていますか？」「本当に○○をしたいのですか？」など、本気でこちらが突っ込むと、話に流れがあれば、必ず相手は本音で返してくれる。

第2部　現状分析

・その他のポイント
　そのほか、トップヒアリングをスムーズに進めるために、以下の5点を実施するとよい。

・相手が話しやすい雰囲気づくりをする
・相手の考えを尊重する
・適切なあいづちを打つ
・オフレコは守る
・メモをとる
・事前にヒアリング内容を先方に伝える
・ヒアリングの目的を伝える

　最後の④は、社長やトップ層からは直接聞き出せないようなことを、現場で実際に働いている社員やパート、アルバイトから本音を聞く方法である。社長やトップ層のような高所・大所から見た情報を得ることはできないが、実際の現場とトップ層からのコメントは、その内容が大きく異なることもあるため、必ず現場からのヒアリングも実施したほうがより良い経営戦略を立案することができる。

第2章

外部環境分析

1. マクロ環境分析
2. ミクロ環境分析

1 マクロ環境分析

■ マクロ環境分析とは

　マクロ環境を分析するには、自社を取り巻く経営環境のうち、現在および、将来の経営に影響を与える要因をピックアップする。その後、可能性の考えられる範囲内で、その影響度を「想定される機会」「想定される脅威」としてまとめる。

　マクロ環境分析には、一般社会・経済動向から技術や法律まで多くの要素が含まれる（次ページ図参照）。これらの多くの要素から、「想定される機会」「想定される脅威」を抽出していくのである。

　マクロ環境分析は、自社の経営に対して影響があると考えられるすべてを分析しようとすると大変な業務量があるため、すべてを分析することは不可能といってよい。したがって、マクロ環境分析は戦略を立案するうえで必要だと思われる重要な要素だけ抽出・分析を行なうとよい。

■市場の大きさと伸び率

　マクロ環境分析でまず調べなくてはいけないポイントは、自社が事業領域としている市場の大きさである。自社がどんなに優れたビジネスモデルを持っていたとしても、市場が小さすぎたり、逆に大きすぎたりすると、ビジネスとして成立しにくいためである。

　市場が小さすぎることの弊害は、十分なシェアを獲得したとしても、ビジ

第2章　外部環境分析

図表2-5　マクロ環境分析

分析項目	項目別トレンド(環境変化)
社会	・就職氷河期 ・女性の社会進出 ・少子化、高齢化　など
経済	・低成長時 ・価格破壊 ・低金利　など
産業構造	・製造業の空洞化 ・アジアへのシフト ・起業家ブーム　など
グローバリゼーション	・広域経済圏 ・アジアの活性化 ・世界共通用語としての英語　など
情報化	・ダウンサイジング ・エンドユーザーコンピューティング ・情報リテラシー　など
価値観・ライフサイクル	・身の丈消費 ・アウトドアブーム ・新家族主義　など
経営論	・ワン・トゥ・ワン・マーケティング ・年俸制 ・コア・コンピタンス　など
環境	・ゼロエミッション ・リサイクル社会 ・フロン撤廃　など

ネスの拡大には限界があるため、成立しないことである。

　逆に市場が大きすぎる弊害とは、競合企業を中心とする他社の動きである。自社の身の丈にあったビジネスであれば問題はないが、必要以上に市場が大きい場合、自社をはるかに超える巨大資本や海外の企業、新規参入組が参入してくる恐れがある。

　うまみがあると判断した市場に乗り出したいのは誰もが同じである。マーケットが大きければ大きいほど、自社のスケールメリットを活かし、その市場を独占しようとするのが常である。新規参入組であれば、圧倒的な資本力を背景に今までのプレーヤーを駆除しようとするに違いない。このような危険性をはらんでいる中での戦い方は、大きなリスクを伴うものである。

　コンピュータのサーバー業界を例にとって考えてみる。2004年度のサーバー各メーカーの出荷額を見てみる。市場規模は494億8900万ドル

(約5兆7000億円)である。

　この大きなマーケットは、米IBM、米ヒューレット・パッカード(HP)、米サン・マイクロシステムズの三強が上位を独占している。IBMは32%、HPは27%、サン・マイクロシステムズは11%となっており、上位3位で70%ものシェアを占めていることになる。

　市場規模が巨大であるため、新規参入が魅力的なマーケットに見えるが、その実、業界においては、強大な資本力を保有する企業しか生き残れないことを意味しており、資本力の弱いメーカーの参入を許さない構図になっている。

　このように自社が事業領域としている市場規模を知ることの重要性は言葉にすれば至極当たり前の話に聞こえるかもしれない。

　しかし、船井総研のサポート実績を例にあげると、市場規模の確認を実践し、マーケットの大きさを最初から的確に把握している経営者やトップマネジメントは2割にも満たない。これは実に危険な兆候である。

　自社の事業規模が10億円である場合、マーケット全体の規模が10兆円と100億円とでは、今後の成長戦略の立て方や自社の戦略による実践が市場に与えるインパクト、競合他社から想定される対抗手段など、すべてと言ってもいいほど、多くの局面で対応が変わってくるのである。そのため、市場の大きさや伸び率を知ることは極めて重要なのである。

■今後の市場規模をどのように読むか

　現在の市場規模を認識しなくてはならないことがわかった段階で、次はこれから先の市場推移をどのように読むかが課題となってくる。

　信頼できる予測統計資料などが存在する場合は特に問題はない。船井総研のコンサルティングの経験からすると、自社の事業領域にぴったりとあてはまる市場予測データなどは存在しないことの方がむしろ多い。そのような場合は、参考になりそうな予測データをガイドラインとして使用し、市場推移を予測していかなければならない。

　たとえば、携帯電話市場の市場規模を調べるとしよう。携帯電話は

第2章　外部環境分析

2006年現在8500万台が市場に出ている。10年前の市場は約1000万台にも満たなかったため、10年間で10倍程度の伸びを示している業界である。では、今後5年でさらにどれだけ伸びるだろうか。このような商品の場合は、他の家電がどれくらいの普及率まで行くと市場の伸びが止まったのかを調べたり、海外の携帯電話普及率の数字を探ることで、その予測をすることができる。現在、携帯電話は1億2500万人の人口に対して8500万台の契約数であるため、7割の人が携帯電話を持っている計算になる。他の家電のシェアを見てみると、一般的に普及率は85％程度が限界値のようである。つまり、携帯電話の普及率は市場規模にして9000〜9500万台で成長がさらに鈍化しそうであることがわかる。また、海外でも1人1台以上を持っている国は古くから携帯電話が普及しているノルウェーや、一般電話よりも携帯電話のほうが便利な台湾ぐらいのため、日本ではまず1億人を超えることはないだろうという予測ができる。

　また一般的に全国規模ではない小さな商圏を考える際には、市場予測なので、先の「MS（マーケットサイズ）×商圏人口」の考え方を使うことが多い。つまり、

「今後のMSはどうやって伸びていくか」
「商圏人口はどうやって伸びていくか、あるいは縮んでいくか」

について考えていく必要がある。MSについては消費動向から、商圏人口については年齢別の人口動態の推移などから予測することができる。

■市場予測の具体例

　たとえば、住宅メーカーからの依頼で愛知県の豊田市における戸建住宅のマーケットを予測したとしよう。
　以下は、実際のマーケットリサーチの進め方である。

〔マーケットリサーチの進め方の例〕 ※注文住宅市場

船井住宅販売株式会社 | Ⅱ. 外部環境調査
1. マクロ市場調査分析 （2）注文住宅市場規模調査

■住宅ストックとフロー（全国）

新設住宅着工棟数（総住宅着工数と注文住宅）

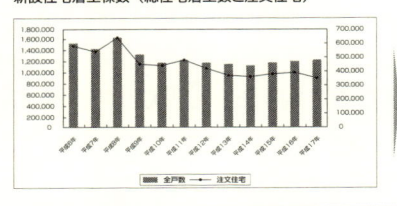

・総住宅着工数、注文住宅（持家）共に平成 8 年をピークに翌年より下落が続いた。その後、総住宅着工数は平成 15 年より徐々に上向きに転じているものの、注文住宅に関しては回復の様を見せず、ひき続き下落が続いている。今後もこの流れは続きそうである。

日本の戸建市場の特色は、新築・注文住宅市場が主要なマーケットを構成している点にある。米国の戸建市場は、中古流通が中核的な市場として確立している一方、新築建築においては分譲住宅市場が中心となっている。これに対して、日本の戸建市場は、中古流通が未発達であり、新築建築においては、注文住宅市場が中心となっている。戸建新築市場の構成比をみると、分譲住宅が20％弱であるのに対して、注文住宅は約80％を占めている。その理由には、日本には土地神話を背景に住宅そのものよりも土地の価格の方が高く、土地の資産性を重視するといったものがあった。

しかしながら、都心部のみならず地方都市でも分譲マンションのストック数が増加し、市場全体では総世帯数4176万に対し、総住宅戸数は5380万戸と1.14倍も超過していることを考えても、今後注文住宅市場が飛躍的な伸びを見せる可能性は極めて低いと言えるであろう。

船井住宅販売株式会社 | Ⅱ. 外部環境調査
1. マクロ市場調査分析 （2）注文住宅市場規模調査

■持家の工法別割合（全国）

【持家新設着工戸数における工法別割合】

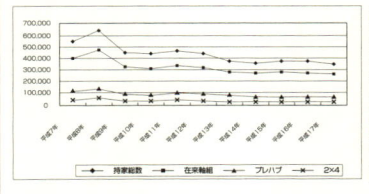

	持家総数	在来軸組	プレハブ	2×4
平成7年度	550,544	393,007	116,036	39,501
平成8年度	636,306	454,946	130,689	50,671
平成9年度	451,091	321,595	94,390	35,106
平成10年度	438,137	313,371	89,088	35,678
平成11年度	475,632	337,084	97,063	41,485
平成12年度	437,789	314,353	85,378	38,058
平成13年度	377,066	273,892	70,192	32,992
平成14年度	365,507	266,079	65,974	33,454
平成15年度	373,015	272,591	65,353	35,071
平成16年度	367,233	267,162	66,129	33,942
平成17年度	353,267	256,218	63,185	33,864

□ 持家（建築主が自分で居住する目的で建築するもの）新設着工戸数を工法別に見てみると、在来軸組工法による住宅が約70％以上を占める。一方、プレハブ工法20％弱、2×4工法10％弱という値は年々縮小の傾向にある。特にこれまでプレハブを主力商品としていた企業の中には売上高が減少していく市場環境に対応していくために、経営戦略を展開せざるを得ない状況に陥っているケースも少なくない。

□ 今後も戸建市場は木材そのものの魅力を最大限に活かせる在来工法によるニーズがますます高まっていくことが予想される。

第2章 外部環境分析

船井住宅販売株式会社
II. 外部環境調査
1. マクロ市場調査分析 　　（2）注文住宅市場規模調査

■注文住宅のストックとフロー（愛知県）

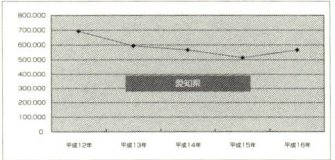

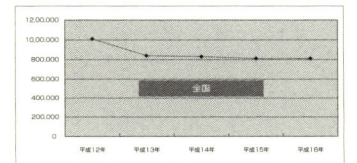

[愛知県グラフ] [全国グラフ]

※下記市場規模は棟数実績に愛知県における平均建築費を乗じた推定市場規模

	平均建築費（千円）	住宅着工数	市場規模（百万円）	前年比
平成12年度	26,490	26,268	695,832	-
平成13年度	26,049	22,624	589,341	-15%
平成14年度	25,666	22,052	565,990	-4%
平成15年度	26,027	20,005	520,670	-8%
平成16年度	25,527	22,155	565,546	9%

資料：国土交通省「住宅着工統計」・住宅金融公庫「全国住宅市場調査」

	平均建築費（千円）	住宅着工数	市場規模（百万円）	前年比
平成12年度	25,471	394,010	10,035,831	-
平成13年度	25,047	339,359	8,499,934	-15%
平成14年度	24,679	336,260	8,298,560	-4%
平成15年度	25,026	325,489	8,145,687	-3%
平成16年度	24,545	332,318	8,156,745	-3%

※平均建築費に関して…全国住宅市場調査公表の全国の平均建築費に、愛知県全体の所得水準値1.04（東洋経済社発刊・地域経済総覧2005公表の所得水準値）を乗じた指数を採用している。

□全国の注文住宅の着工棟数は平成12年以降、持続的な縮小の傾向にあり、平均建築費も横ばい、または下落の傾向にあるため市場規模もそれに伴う縮小化が進んでいる。
□愛知県の注文住宅の市場規模は平成12年から平成13年にかけて15％の大幅な縮小があった後、その後縮小が続いたが、平成15年から16年にかけて大幅な改善を見せており、今後の継続的な成長が期待される。

船井住宅販売株式会社
II. 外部環境調査
1. マクロ市場調査分析 　　（2）注文住宅市場規模調査

■注文住宅のストックとフロー（各市データ）

	2002		2003			2004		
	棟数	市場規模（千円）	棟数	市場規模（千円）	前年比	棟数	市場規模（千円）	前年比
豊田市	1500	38,499,240	1541	40,107,669	4%	1657	42,297,908	5%
豊橋市	1248	32,031,368	1515	39,430,966	19%	1507	38,468,888	-3%
岡崎市	1168	29,978,075	1390	36,177,586	19%	1564	39,923,915	9%
一宮市	998	25,614,828	1002	26,079,094	2%	1002	25,577,854	-2%
春日井市	928	23,818,196	970	25,246,229	6%	1013	25,858,648	2%
安城市	657	16,862,667	683	17,776,408	5%	772	19,706,690	10%
瀬戸市	395	10,138,133	470	12,232,709	17%	497	12,686,820	4%
小牧市	386	9,907,138	367	9,551,924	-4%	466	11,895,489	20%
日進市	318	8,161,839	403	10,488,897	22%	430	10,976,524	4%
津島市	172	4,414,580	178	4,632,813	5%	156	3,982,181	-16%
その他	7770	199,426,063	8519	221,724,354	10%	9064	231,374,915	4%

※上記市場規模は棟数実績に愛知県における平均建築費を乗じた推定市場規模

→ ・毎年における堅調な伸びで2003年以降の推算市場規模は2000億円超を記録。
・豊田市、豊橋市、岡崎市などで大幅増加。

□マイナス成長の市は少なく、全体的に持続的な伸びを記録。
□世帯数に比べ、戸建分譲市場規模の少ない豊田市では注文住宅市場が活性化する。

第2部 現状分析

61

■顧客特性を知る

　ここでいう「顧客特性を知る」とは、集合体としての顧客の属性を把握するという意味になる。

　法人向けであっても個人向けであっても、顧客の特性を客観的に知る必要がある。自社の製品やサービスがどのような顧客に受け入れられ、あるいは受け入れられないかを知ること、また、顧客の嗜好がどのように変化しているかがわかれば、自社の今後の方向性を考える上でとても有利である。

　これは、第3部「基本戦略」での「ターゲティング」の項で詳細に紹介するが、市場をセグメントして、その中でターゲットとする顧客層はどこなのかを明確にしなければ、結局は非効率な経営戦略を立てることになりかねない。顧客としたい市場を特性ごとに明確に分ける（セグメントする）ことにより、どのように彼らにアプローチするかというポイントと、彼らが共通して持つニーズに的確に応えることによる既存顧客の維持活動を実践するというポイントがより鮮明になり、具体的な施策を講じることができるのである。

　具体的なセグメントの仕方やターゲティングのやり方は第3部を参照していただくことにして、ここでは1つだけポイントを述べる。

　それは、自社の顧客属性を検討する場合には、明確に区分できる基準が必要だということである。消費者であれば、たとえば「関東在住男性、18〜24歳、年収1000万円以上」などであり、法人であれば、「売上高100〜500億円、従業員規模1000〜3000人以上、サービス業」といった区分方法である。

　ただし、間違ってもこの区分を「オシャレな人」「自分の個性を大切にする若者」とか、「冷静な企業経営者」などとしてはいけない。このように人の主観で決まるような不明確な基準で分けてしまうと、最終的に市場の大きさが不明になるし、またその区分がどこにあるかがわからなくなる。そのため、「オシャレな人」への近づき方に対して、効率的な販売方法がとても描きにくいものになる。「20代女性≒おしゃれな女性」というように、明確な基準に置き換えて分析する必要がある。

第2章 外部環境分析

■ PEST 分析

　市場予測を自分たちで検討した場合はもちろんのこと、明確で直接的な統計予測資料がある場合であっても、その市場予測の根拠や背景を理解することが必要である。マクロ環境要因を分析する際、広く使用される手法にPEST分析がある。PESTとは、

Politics 　　　（政治的要因）
Economics 　（経済的要因）
Social 　　　　（社会的要因）
Technology 　（技術的要因）

のそれぞれ頭文字を取った言葉である。このPESTに加え、人口統計（事業統計）や環境面での将来変数がどのように市場予測に加味されているかを知る必要がある（下の図参照）。
　市場予測は将来に対する予測であるので、実際には想定できない様々な変数が加わる。そのため詳細に分析する必要はないが、「予測されている将来市場がどのように成り立っているのか」

図表2-6　PEST分析の具体例

将来変数	例
政治	法規制、政府や関連団体の動向、公正競争など
経済	景気、金利、価格変動（インフレ・デフレ）、貯蓄率、為替など
社会	世論、社会規範、価値観、ライフスタイルなど
技術	技術革新、特許、技術上のライフサイクル、代替技術など
環境	資源、エネルギーコスト、公害、環境規制、世論など
人口統計（事業統計）	総人口、地域分布、年齢分布、出生率、死亡率、事業所数、事業規模、事業業種、倒産件数など

「ある変数の上下幅が予測を超えてしまった場合の、影響度合いがどの程度なのか」を大まかに検討しなければならない。

このPEST分析で重要なのは、この各項目であがってくるトピックスが市場にとってプラスであるのかマイナスであるのか、自社にとってプラスであるのかマイナスであるのかを検討することである。

たとえば、自動車業界にとってガソリンの小売価格の上昇は顧客の自動車離れを引き起こすほか、大型車・中型車・スポーツカーなどの比較的燃費の悪い車種にはマイナス要因となる。しかし、一方で電気自動車やハイブリッド車、小型車など燃費のよい市場にとってはプラス要因ともなるのである。

このように、PEST分析を行う際には各トピックスをどうすれば自社にとってプラス要因とできるか、各トピックスから自社はどのように対応するべきかを導き出せるように意識することが重要である。

たとえば、木材を販売している会社において、今後の市場のPEST分析をする際には、次ページの図のような項目を知る必要があるだろう。

また、市場を予測する際には、その根拠となる数字を正しくとらえることが必要である。たとえば、幼児のおむつ市場予測を行なった場合、出生率の根拠として1.5を使用していたとすると、予測した市場のパイはかなり大きめに考えていることになる。10年前の1995年は1.5であったが、実際には現状は1.2程度である。1.5と1.2では25％のズレがあるので、大変な誤差になってしまう。そのため、常に数字は最新のものにして、この部分の変数を置き換えて市場を算出し直す必要がある。

直接的な統計資料を利用した場合は当然のことながら、どのような変数がどのような割合で使われているかは不明であることが多いため、特定の変数の上下動により、具体的にどれだけ上昇（下降）圧力がかかるかは不明であるが、少なくとも上方か下方への圧力がかかることを認識することができる。

どうしてもやむを得ない場合を除くが、「最近3カ年の平均市場膨張率が0.5％なので、これから5年も今までと同じように0.5％伸びるだろう」というような安易な方法はできる限り避けたいものである。

しかし、前述したように、すべての変数について検討する必要はない。自社を取り巻く環境について、特に関係のありそうな変数だけを正しくとらえ

第2章　外部環境分析

図表 2-7　木材販売業におけるPEST分析

	市場＋ ＝市場拡大要因	市場− ＝市場縮小要因
Political ＝政治的要因		➡国産材保護 ➡産地証明（グリーン購入法） ➡カナダなど多くの国が木材の伐採を抑制（京都議定書による）
Economical ＝経済的要因	➡日本経済の円高基調（＝調達コスト↓）	➡伐採コスト向上 ➡チャネルの財務的な弱体化により、在庫削減→結果として納期・品質が厳しくなる ➡パワービルダーの資材直接納入
Social ＝社会的要因	➡顧客の消費二極化→本物を求める顧客層が増える ➡ホルムアルデヒドなど新建材に対して消費者が不買をする ➡消費者の木に対しての潜在的な印象（日本は木の文化）	➡顧客の消費二極化→安ければ良いという顧客層が増える ➡消費者の木に対しての知識が不足している
Technological ＝技術的要因		➡新建材技術向上 ➡構造材を使った住宅建築ができる技能者（大工）の減少

ればよいのである。他方、現段階で世の中に存在しないビジネスを構築しようとしている場合は、市場が存在しないというケースが起こる。このような場合は冷静な見極めが必要である。

その事業は現存する商品やサービスのどのようなものの代替となるのかを考える。既存ビジネスのある程度が新規ビジネスに移行すると考えられることから、近未来での市場形成は既存ビジネスをベースとして考えるべきである。そして今後の推移についての予測は今までどおり述べた方法でよい。

たとえば、電気自動車が今のガソリン自動車に置き換わるとしても、その総数はほぼ現状どおりであろうと予測できる。また、今は各部屋に冷蔵庫はないが、冷蔵庫のダウンサイジングが進み、一部屋に1つあるものになったとしたら、その市場規模はほぼ同じような流れを数年前にたどったテレビの普及台数と同程度になるだろうというようにする。

2 ミクロ環境分析

■**業界構造**

　これまで市場環境についてマクロな視点で捉えていたが、本章ではミクロな視点で捉えてみる。マクロな市場環境分析が市場全体の大きさや今後の見通し、顧客特性であったのに対して、ミクロの市場環境分析とは、競合分析や自社分析のことを指す（下図参照）。自社分析については、「内部環境分

環境分析		
マクロ分析	**ミクロ分析**	
	競合	外部
マクロ市場動向	モデル	
顧客特性	自社	内部

析」の章で説明する。

　ミクロの業界構造を見るフレームワークとしては、「ファイブフォース分析」や「サプライチェーン分析」を使うのが一般的である。第1部で「全体を俯瞰することの大切さ」を述べたが、ファイブフォース分析もサプライチェーン分析も、全体的な構造を見るためには非常に便利なフレームとなる。

　また、ミクロ環境分析において重要なことは、市場・競合・自社の3つの視点から、自社の「強み」「弱み」を抽出することである。

　特に、企業の強みとその強みを支える自社内の仕組み・文化については、十分な分析を行い、「強みをさらに強くするには」「強みが時代のニーズに合っているか」といったことは、企業の生命線となるので重視していきたい。

　これから、数ページにわたり、いくつもの分析手法やフォーマットを掲載していくが、そのすべてをやるのではなく、各業種・業態によって必要と考えられるものが異なるので、この分析を行うべきか吟味を十分に行ってから分析していただきたい。

■サプライチェーンとバリューチェーン

「サプライチェーン」や、次項で紹介する「バリューチェーン」といった経営用語には様々な定義がある。混乱を避けるために本書ではそれぞれを以下のように定義する。

　サプライチェーンとは、「原材料の調達などの供給者から最終消費者（法人の場合を含む）までの一連の企業連携の流れ」である。サプライチェーンを知ることにより、どのようなプレーヤーがどのような機能を果たしているかを知ることができ、業界全体を俯瞰することができる。「業界構造」と言ってもいいかもしれない（次ページ上の図参照）。

　一方、バリューチェーンは、「付加価値を生み出すための一企業における業務活動の連鎖」である。つまり、ある企業において、生み出す付加価値（利益）を業務活動との関係に着目して、業務の流れから企業の特徴をつかもうとするフレームになる（次ページ下の図参照）。

　経営戦略構築のために、サプライチェーン分析を行なうことは一見無駄な

図表2-8　サプライチェーン

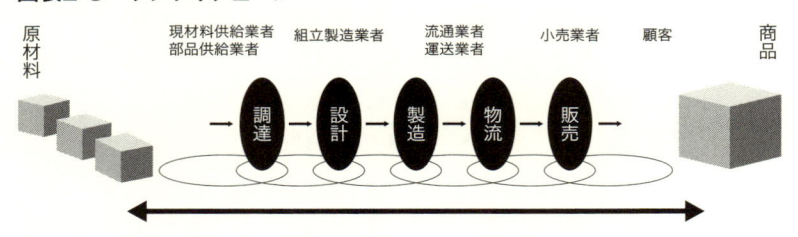

原材料 → 現材料供給業者/部品供給業者（調達）→ 組立製造業者（設計）→ （製造）→ 流通業者/運送業者（物流）→ 小売業者（販売）→ 顧客 → 商品

図2-9　バリューチェーン（価値連鎖）

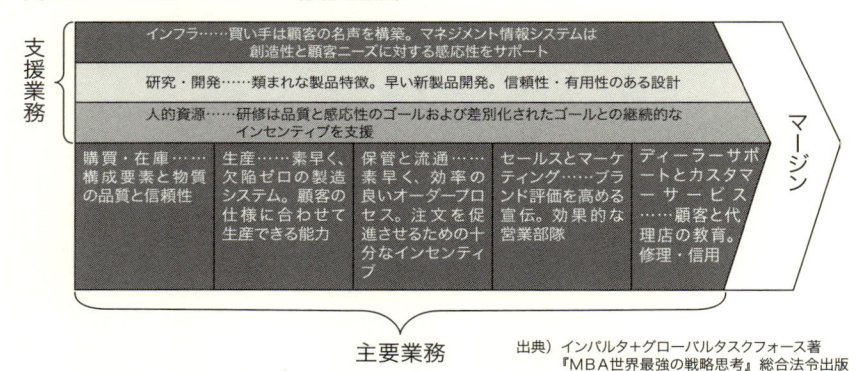

支援業務：
- インフラ……買い手は顧客の名声を構築。マネジメント情報システムは創造性と顧客ニーズに対する感応性をサポート
- 研究・開発……類まれな製品特賞。早い新製品開発。信頼性・有用性のある設計
- 人的資源……研修は品質と感応性のゴールおよび差別化されたゴールとの継続的なインセンティブを支援

主要業務：
- 購買・在庫……構成要素と物質の品質と信頼性
- 生産……素早く、欠陥ゼロの製造システム。顧客の仕様に合わせて生産できる能力
- 保管と流通……素早く、効率の良いオーダープロセス。注文を促進させるための十分なインセンティブ
- セールスとマーケティング……ブランド評価を高める宣伝。効果的な営業部隊
- ディーラーサポートとカスタマーサービス……顧客と代理店の教育。修理・信用

マージン

出典）インバルタ＋グローバルタスクフォース著『MBA世界最強の戦略思考』総合法令出版

作業に見えるかもしれない。しかし、サプライチェーン分析を行なうことにより、自社の利益構造が明らかになり、今後の戦略に大きく活かせるケースが存在するので、決して無駄な作業にはならない。

■バリューチェーンの比較

まず、自社の強み・弱みを把握するために、自社と競合モデルとなる企業とのバリューチェーンを比較する。バリューチェーンを比較することで、自

社と競合が市場に対して何を提供しているかを確認することができるし、その全体の仕組みを俯瞰することができるからである。

　なぜこのような俯瞰が必要かというと、競合と比較しようとすると、「Ａ社は自社として接客力が高い」、「Ｂ社は商品が優れている」などと、ついバリューチェーンの一部だけを取り出して比較してしまうことがよく見られるからである。

　「Ａ社は接客力は高いが、原価値率は低い」、「Ｂ社は原価を多くかけているが、その分接客力はアルバイトのために低い」といったように、全体から使えることが必要なのである。

　では、具体的にファーストフード大手のマクドナルドとモスバーガーでその全体像を比較してみよう。

■マクドナルドとモスバーガーの戦略の違い

　ここでは、マクドナルドとモスバーガーの戦略の違いについて考える。

　まず、マクドナルドのターゲットは、明らかに全方位型、つまり、老若男女にかかわらず、すべての人である。したがって、製品戦略や価格戦略については、誰でも食べることのできるスタンダードな味と低価格にする必要がある。スタンダードな味にするため、商品をつくる機械とマニュアルの整備が進み、マニュアルに精通しさえすれば、スタッフはアルバイトでよい。また、原材料の調達コストを引き下げるために"規模の経済"を働かせることで世界中から最も安い原料を仕入れている。そのため、提供価格を安く設定できる。販売戦略についても、"規模の経済"を働かせるために多くの顧客が必要なために一等立地へ出店することが必須となり、できるだけ露出を高め、すべての人が何度も見ることができるようなマス広告を多く使っている。

　一方、モスバーガーは、おいしさやヘルシーさなど、食へのこだわりを持っている人をターゲットとしていることは恐らく間違いない。モスフードサービスでは、この「食へのこだわり」を持っている人たちについて、年齢層や住居区域などのリーチできる集合体に置き換えてターゲット設定をしていると考えられる。

図表2-10　バリューチェーンに見るモスバーガーとマクドナルドの戦略の違い

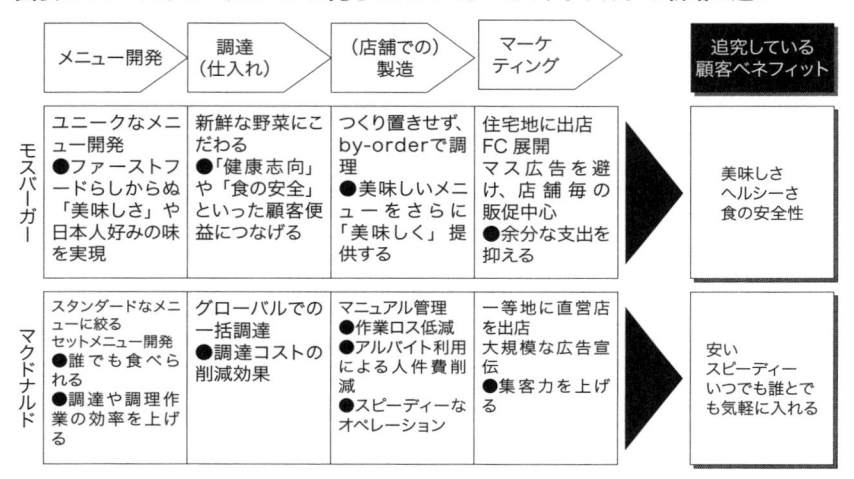

	メニュー開発	調達（仕入れ）	（店舗での）製造	マーケティング	追究している顧客ベネフィット
モスバーガー	ユニークなメニュー開発 ●ファーストフードらしからぬ「美味しさ」や日本人好みの味を実現	新鮮な野菜にこだわる ●「健康志向」や「食の安全」といった顧客便益につなげる	つくり置きせず、by-orderで調理 ●美味しいメニューをさらに「美味しく」提供する	住宅地に出店 FC展開 マス広告を避け、店舗毎の販促中心 ●余分な支出を抑える	美味しさ ヘルシーさ 食の安全性
マクドナルド	スタンダードなメニューに絞るセットメニュー開発 ●誰でも食べられる ●調達や調理作業の効率を上げる	グローバルでの一括調達 ●調達コストの削減効果	マニュアル管理 ●作業ロス低減 ●アルバイト利用による人件費削減 ●スピーディーなオペレーション	一等地に直営店を出店 大規模な広告宣伝 ●集客力を上げる	安い スピーディー いつでも誰とでも気軽に入れる

「食へのこだわり」を持っている人たちがターゲットとなるのであるから、製品はおいしさやヘルシーさを主眼に置くべきである。そのため、一品一品オーダーが入ってからつくるby-orderでよい。価格戦略については、顧客が納得する価格（顧客が判断する高コストパフォーマンス）であれば、多少高価格であっても問題はない。販売戦略では顧客ターゲットを絞っており、こだわった商品を扱っているため、多くの客数をとることはできない。そのため、お客様の方が自社を探してくれるような二等立地への出店でよい。また、販売戦略については、開発・仕入れコストと広告コスト間での優先順位の問題と、特定の人をターゲットとするような製品特性の問題の2点から考えると、マクドナルドのように、マス広告ですべての人に告知する必要は低

いと考えられる。

　以上の両社の「ターゲティングおよびマーケティングミックス」をバリューチェーンで具現化させる必要があるが、それを端的に表したものが前ページの図になる。

　この図を見ると、両社とも戦略を具現化するために、実に絞られたバリューチェーンを構築していることがわかる。

　マクドナルドは広範なターゲットに対する低コスト戦略を具現化するために、すべての機能で業務での卓越性を目指していることがわかるし、一方で、モスバーガーは狭いターゲットに対するこだわりの製品戦略を具現化していることがわかる。

■ファイブフォース分析

　次にファイブフォース分析について説明する。企業が成功するためには、顧客ニーズを満たすという価値を創造するだけでは十分とは言えない。そのためには、自社が創造する価値を、競争戦略論で有名なマイケル・E・ポーター（米ハーバード大学教授）が提唱している５つの影響力（ファイブフォース）に打ち勝つものにしていく必要がある（次ページの図参照）。

　これは、業界でのプレーヤーをその立場から５つに分類し、それぞれが業界の競争にどのように影響を与えているかを見るフレームワークである。経営環境を俯瞰する際にはとても便利である。

　マイケル・E・ポーターが提唱したファイブフォース分析の基本は、"なぜ、競争環境ができるのか"が原点にある。競争環境をつくる要因には次の５つの要因があると指摘している。

①業界内の競合他社との競争環境
②買い手の交渉力
③売り手の交渉力
④新規参入業者の脅威
⑤代替品の脅威

図表2-11　ポーターの提唱する5つの影響力

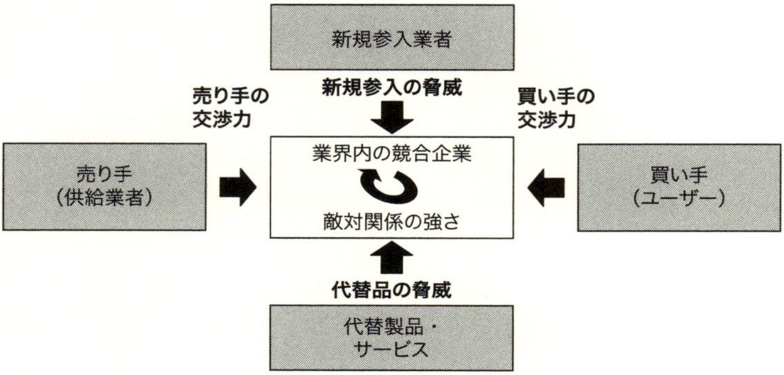

```
                    ┌──────────────┐
                    │  新規参入業者  │
                    └──────────────┘
            売り手の    新規参入の脅威     買い手の
            交渉力          ↓           交渉力
┌──────────┐        ┌──────────────┐        ┌──────────┐
│  売り手   │   →    │ 業界内の競合企業 │   ←   │  買い手   │
│(供給業者) │        │   敵対関係の強さ │        │(ユーザー) │
└──────────┘        └──────────────┘        └──────────┘
                            ↑
                        代替品の脅威
                    ┌──────────────┐
                    │  代替製品・   │
                    │   サービス    │
                    └──────────────┘
```

　この5つの要因が競争環境を強くもし、弱くもするというわけである。これらの分析により、大まかに、かつもれなく業界の構造を把握でき、また競争に勝つための条件を検討することができる。
　それでは、次に、日本国内における自動車メーカー業界と健康食品業界を例に取りながら考えてみる。

■ファイブフォースの具体例①自動車業界

（1）業界内の競合他社との競争環境
　1960年代の高度経済成長期にプロダクトライフサイクルにおける成長期を迎えた自動車業界は、現在成熟期にある。
　成熟期のマーケットの特徴としては、各社間での基本的な製品性能格差は

第 2 章　外部環境分析

図表 2-12　ファイブフォースの具体例①自動車業界

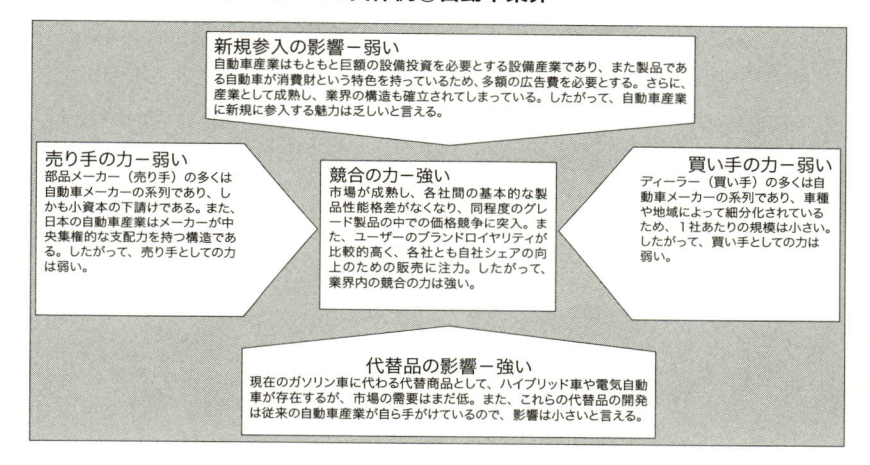

新規参入の影響ー弱い
自動車産業はもともと巨額の設備投資を必要とする設備産業であり、また製品である自動車が消費財という特色を持っているため、多額の広告費を必要とする。さらに、産業として成熟し、業界の構造も確立してしまっている。したがって、自動車産業に新規に参入する魅力は乏しいと言える。

売り手の力ー弱い
部品メーカー（売り手）の多くは自動車メーカーの系列であり、しかも小資本の下請である。また、日本の自動車産業はメーカーが中央集権的な支配力を持つ構造である。したがって、売り手としての力は弱い。

競合の力ー強い
市場が成熟し、各社間の基本的な製品性能格差がなくなり、同程度のグレード製品の中での価格競争に突入。また、ユーザーのブランドロイヤリティが比較的高く、各社とも自社シェアの向上のための販売に注力。したがって、業界内の競合の力は強い。

買い手の力ー弱い
ディーラー（買い手）の多くは自動車メーカーの系列であり、車種や地域によって細分化されているため、1社あたりの規模は小さい。したがって、買い手としての力は弱い。

代替品の影響ー強い
現在のガソリン車に代わる代替商品として、ハイブリッド車や電気自動車が存在するが、市場の需要はまだ低い。また、これらの代替品の開発は従来の自動車産業が自ら手がけているので、影響は小さいと言える。

なくなり、基本的には同程度のグレード製品の中での価格競争に突入している。市場におけるプレーヤーも固定化する傾向にあり、その序列においても大きな変動はない。

自動車の場合には、さらにユーザーのブランドに対するロイヤリティは比較的高く、たとえば「トヨタ車を購入したユーザーは次もトヨタ車を購入する割合が比較的高い」という特性があることが、各社のシェアを固定化する傾向に拍車をかけている。そのため、各社は自社シェアを高めようと販売に力を入れるために競争は激しいと言える。

（2）買い手の力

国内メーカーでは販売網が充実しており、自動車メーカーから見た販売チャネルは確立されている。

多くのディーラーには系列会社としてメーカーの資本が入っており、経営面でのハンドリングがある程度可能である。また、車種や地域によりディーラーは区分されているため、ディーラーは企業規模や仕入れ規模が小さくな

る。このためディーラー側から見ると、仕入れについてのスケールメリットは利きにくいという特性がある。

したがって、メーカーとディーラー（買い手）の関係を比較すると、メーカーが強く、買い手としての交渉力は小さいことがわかる。

（3）売り手の力

一方、売り手側との関係について考えてみる。

トヨタのJIT（ジャストインタイム）方式に見られるように、自動車メーカー側が中央集権的な大きな力を持っている。

部品メーカーは自動車メーカーの系列企業が多く、しかも規模が小さいことやメーカーの下請けが多いことなどから、自動車メーカー側に力が集中し、部品メーカー（売り手）の交渉力は弱いということが見てとれる。

（4）新規参入の影響

新規参入してくるプレーヤーの脅威を考えにくいのが自動車業界である。まず、何と言っても莫大なコストがかかるため、他業界からの参入には大きな障壁がある。巨大な工場が必要な設備産業であり、また、製品は消費財という特色があるため、多額の広告費がかかるからである。さらには、成熟市場であるため、市場のパイとしては飛躍的な上昇圧力がかかることが予測しにくく、系列企業で固められた開発から販売までのプレーヤーによって形成されたビジネスモデルががっちり確立されている。

そのため、新しく参入する魅力に乏しいと言える。

（5）代替品の影響

大気汚染、エネルギーの枯渇、廃車リサイクルなどの環境問題が世論、法規制などによってクローズアップされている現代では、自動車の代替商品としてのエコカーや電気自動車などの需要圧力は今後増加していくものと考えられる。

しかしながら、現状ではまだ自動車の脅威となるほどの需要はない。しかも自動車を開発・生産するノウハウについては、最も自動車メーカーが有し

ているわけである。

したがって、このような代替品の場合には、代替品を大きく飛躍させるのは他でもない自動車メーカー自身であろうと予測できる。

このように、自動車メーカー業界を総合的に俯瞰してみると、売り手・買い手ともに十分に主体的に自動車メーカーがハンドリングできる状況にあり、また、異業種からの参入や代替品の脅威についても、戦略課題としては優先順位が落ちると考えてよい。

あくまでもメインプレーヤーの中での経営戦略を中心に検討していくべきとの結論を導き出すことができる。

■ファイブフォースの具体例②健康食品メーカー

77ページの図は、ある健康食品メーカーが既存のチャネルに頼った流通から直販部門を立ち上げるために、健康食品市場を取り巻く環境をファイブフォースでまとめたものである。実際にそれぞれを見てみよう。

①業界内の競合他社との競争環境

すでに多くの企業が参入しており、また顧客ターゲットごとに大手企業がシェアをとっている。そのため、今後自社の強みを活かせることができ、また成長性が期待できる小さな市場を探していく必要がある。したがって、競合の力は強い。

②売り手の力

商品（モノ）に焦点を当てると、希少価値のある顧客ニーズの高い商品の調達が必要であるが、実際に明らかに優れた商品を探すのは難しい。人材（ヒト）については、数は少なくともよいが、企画力とオペレーション能力のある人材を採用、育成できるかどうかがポイントである。資金（カネ）では、スタートでの在庫はあまり多く持つ必要はなく、参入しやすい。

以上の条件から売り手の力はモノ・ヒトに対しては強いが、カネに関しては弱いと言える。

③買い手の力
　美や健康に対しての市場は急速に拡大しており、この傾向は今後も継続すると予想される。
　ただ、購買経験を多く積むことで、本当に効能がある商品とない商品を見分けられるようになり、独自性がない商品だと価格競争になる。したがって、買い手の力はやや強いと言える。

④新規参入の影響
　資金的には参入は難しくなく、立ち上げは比較的容易。また、法的な規制も多くはない。そのため、メーカー、卸、小売業の各社が参入しており、新規参入のプレーヤーは多い。また、大手資本の参入も多い。したがって、新規参入の影響は強いと言える。

⑤代替品の影響
　低単価の商品については、コンビニやスーパーマーケット、ドラッグストアなど身近なところで健康食品を購入できるようになっている。したがって、代替品の影響は強いと言える。

　以上の結果より、「①競合も力は強い」、「②買い手の力はやや強い」、「③売り手の力はやや強い」、「④新規参入の影響は強い」、「⑤代替品の影響は強い」という考察が単純にできる。
　これらの要素により"自社での通販参入をやめる"という決断を下すことが可能となる。その結果、この企業ではすでに多くの顧客を持っており、通販で業績を伸ばしている企業に対して営業をかけるという戦略へ方針転換を行った。つい直販を多くの競合が行っているとその後追いをしたくなってしまうが、ファイブフォースを使って冷静にこういった市場分析を行うとより良い意思決定を下すことができる。

第2章　外部環境分析

図表2-13　ファイブフォースの具体例②健康食品

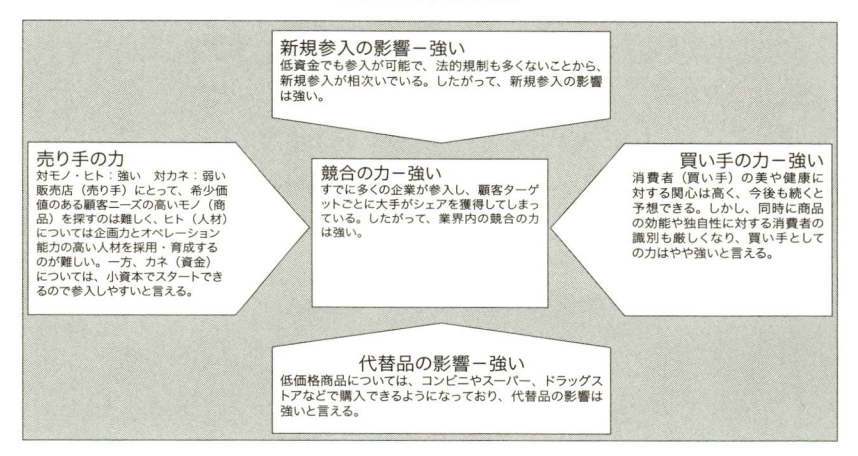

新規参入の影響－強い
低資金でも参入が可能で、法的規制も多くないことから、新規参入が相次いでいる。したがって、新規参入の影響は強い。

売り手の力
対モノ・ヒト：強い　対カネ：弱い
販売店（売り手）にとって、希少価値のある顧客ニーズの高いモノ（商品）を探すのは難しく、ヒト（人材）については企画力とオペレーション能力の高い人材を採用・育成するのが難しい。一方、カネ（資金）については、小資本でスタートできるので参入しやすいと言える。

競合の力－強い
すでに多くの企業が参入し、顧客ターゲットごとに大手がシェアを獲得してしまっている。したがって、業界内の競合の力は強い。

買い手の力－強い
消費者（買い手）の美や健康に対する関心は高く、今後も続くと予想できる。しかし、同時に商品の効能や独自性に対する消費者の識別も厳しくなり、買い手としての力はやや強いと言える。

代替品の影響－強い
低価格商品については、コンビニやスーパー、ドラッグストアなどで購入できるようになっており、代替品の影響は強いと言える。

　ファイブフォースを行うと、ミクロ分析において何を調べなくてはならないかをまず考えることができる。マクロ分析においても、ミクロ分析においても難しいのは、「どう調べるか」よりも、「何を知らなくてはならないか」を考えることである。
　特に、新規参入業者の脅威、代替品の脅威、売り手の交渉力などはつい目先の業績を決める競合他社との競争環境や売り手の競争力に目をとらわれて検討することがなくなりやすいので、ファイブフォースでチェックするとよい。

■3C分析

　3C分析とは、「Customer（顧客）」、「Competitor（競合）」、「Company（自社）」の頭文字を取ったものである。
　この3つの要素を分析・比較検討することで、市場の魅力度をモレやダブリなくチェックすることができる。そのため、ファイブフォースより小さい

範囲であるが、簡単かつスピーディーに新規参入を検討する際や、外部環境分析を行なう際にとても有効である。ファイブフォースは3Cと比較して、ヒト・モノ・カネといったものの調達（売り手）、代替品の脅威や新規参入の育成といったことまで環境を知るための思考の幅を広げている。だからといって、ファイブフォースの方がフレームワークとして優れているかというと、そうではなく、ファイブフォースの方が調べる項目が多いために時間がかかり、また多くの業界では3Cだけを調べるだけで十分に戦略を立案することが可能である。つまり、3Cのほうがファイブフォースと比較して思考の幅が狭いために考察が深くなるし、またより細かい分析に時間をかけることができるため、業界・企業の置かれている状況により使い分けてよい。

3Cをまとめると、以下の図のとおりになる。

図表2-14　3C分析

Customer（顧客）	・セグメント ・ニーズ ・消費者行動 ・意思決定者	・市場はどうセグメントされるのか？ ・各セグメントの裁定要求基準は何か？購買決定要因は何か？ ・ユーザーの意思決定プロセスはどうなっているか？ ・誰が購買の意思決定に影響を及ぼしているのか？
Competitor（競合）	・競合 ・競争力比較 ・ポジショニング ・参入難易度 ・顧客評価	・そもそも誰が競争相手か？ ・各社の業績／財務体力／技術力／シェア／生産力は？ ・各社の品揃え／商品特性／価格帯は？ ・新規参入の恐れはあるか？参入を防げるか？ ・顧客の各社に対する評価は？
Company（自社）	・事業戦略 ・ブランドイメージ ・技術力 ・販売力 ・財務状態	・利益創出力はあるか？どの事業（商品）が儲かっているか？ ・自社／自社商品はどう評価されているか？ ・自社のコア技術は？不足している技術は？ ・最適な販売チャネルを構築できているか？ ・意思決定システム、評価報酬制度、人材育成、ITは？

■競合分析（現状と想定される各社戦略）

ここからはいよいよ自社を含む各プレーヤーの分析になってくる。まずは、競合企業の分析である。

ここで使用するフレームはターゲティングおよびマーケティングミックス（製品、価格、販売、販促の「4P」）と前項でも紹介したバリューチェーンになる。

第2章　外部環境分析

「4P」とは、以下の4つのPの頭文字である。

Price（価格戦略）
Promotion（プロモーション戦略）
Place（流通戦略）
Product（商品戦略）

　細分化された市場のどれに自社が製品・サービスを提供するのかを策定する。

　競合企業についての調査は容易ではない。有名企業であるなどの理由により、ビジネスモデルが明らかになっている場合は別として、競合企業から見た競合企業である自社に対して、その特徴を教えてくれるとは思えないからである。

　しかし、競合企業を研究しないことは、結果的に「見えざる敵」と戦うことを意味する。また、実際の現場データをしっかりと調べ切らなくては具体的で現場の人が「使える」戦略を立案することはできない。そのために具体的な競合データが必要であるが、そのデータを得るためには、競合企業と共通する仕入先や得意先から話を聞くか、調査機関やコンサルティングファームなどを上手に利用して調査を進めることをおすすめする。

　さて、分析の中身について考えていく。概念的な言い回しで説明すると、企業はターゲットとなる市場（あるいは顧客）に対し、日常の業務プロセスを経て、最終的には「4P」という形態をとりながら対顧客に表出させる。このサイクルにより収益を得ているのである。

　もう少し詳しく説明すると、特定するターゲット層に対して、バリューチェーンというプロセスを経て、4Pという結果を得ている。そして、その結果の「通知表」とも言えるのが収益である。

　だとすれば、その企業の特徴は結果としての4Pのどの部分にどのような形で現れているのか、また、その結果を具現化するためにはどのようなプロセスを踏む必要があったのかという意味において、マーケティングミックスとバリューチェーンの2本立ての調査が不可欠になってくる。

第2部　現状分析

■商品・サービス・品種比較表

　競合が市場に提供している商品・サービスには何があり、自社と比較して何を持っていないかを知るために、まずは競合企業、モデルとなる企業の商品・サービスの種類には何があり、その商品・サービスのポイントは何であるかを、次ページ上のような表にして比較する。
　この表は最終的には前述したように、バリューチェーンの比較までできるように調べていきたい。

■プライス・アイテム表（PI表）

　競合の企業がどのような商品をいくらで提供しているのかを次に調べる。すべての商品の価格を調べる全品調査を行うのもよいが、かなり莫大な量の時間と労力が必要になるため、今までのバリューチェーン比較や商品・サービス比較表からポイントになりそうな商品だけを調べるという方法が有効である。
　商品の価格がわかった後は、その価格をある価格レンジに分けて分析する。この分析により、競合はいくらぐらいの予算の顧客に商品を提供しているのかという、そのターゲティングが明確になってくる。

■営業力調査

　競合の商品・サービスの種類や価格について調査した後は、その商品・サービスをどのように提供しているのかについて営業力調査を行う。
　営業力調査の内容は、その対象とする企業の業種・業態によって変わるが、事前にチェックする項目を決めて調査する。ちなみに82ページ上の図は、船井総研が住宅販売会社の営業マンの営業力を比較するために作成している100項目のチェックポイントの一部である。
　営業力を調べる、店舗力を調べるなどというときには、このレベルまで調

第2章　外部環境分析

図表2-15　商品・サービス品種比較表

	Aサービス群			Bサービス群			Cサービス群		
	A商品	B商品	C商品	A商品	B商品	C商品	A商品	B商品	C商品
競合A社	×	×	×	○	○	○	○	○	○
競合B社	○	○	○	×	×	×	○	○	○
自社	○	○	×	×	○	○	×	○	○

図表2-16　プライス・アイテム表

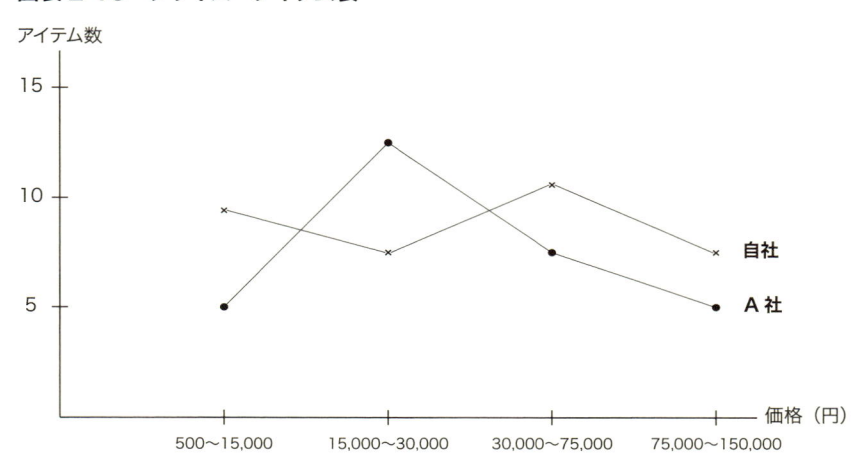

図表 2-17　営業力診断チェックリスト（一部）

				No.	項目	評価
来場前 （12項目）	電話対応力 （10項目）	電話応対 （8項目）	基本	1	3コール以内で電話に出ている	2
			基本	2	展示場名、電話応対者名をはきはきとわかりやすく伝えている	1
			基本	3	電話における言葉づかいは適切である	2
			基本	4	口調、声のトーン、ボリューム、電話の切り方から好意の持てる対応をしている	1
			基本	5	保留時間は10秒以内とし、それ以上の場合は、対応者の交代、再度折り返し電話にするなどしている	2
			基本	6	問い合わせ内容について的確に返答している	2
			基本	7	お客様の連絡先を聞き取っている	2
			応用	8	電話対応から、是非会いたいと思わせるものとなっている	1
		所在地説明 （2項目）	基本	9	お客様の現在位置、アクセス手段を確認している	2
			応用	10	店舗や待ち合わせの所在地を分かりやすく伝えている	2
商談	受入態勢力 （9項目）	事前準備 （2項目）	基本	11	事前の受入れ準備が出来ている／待ち合わせ時間の5分前には待ち合わせ場所で待機している	1

図表 2-18　営業力調査の例

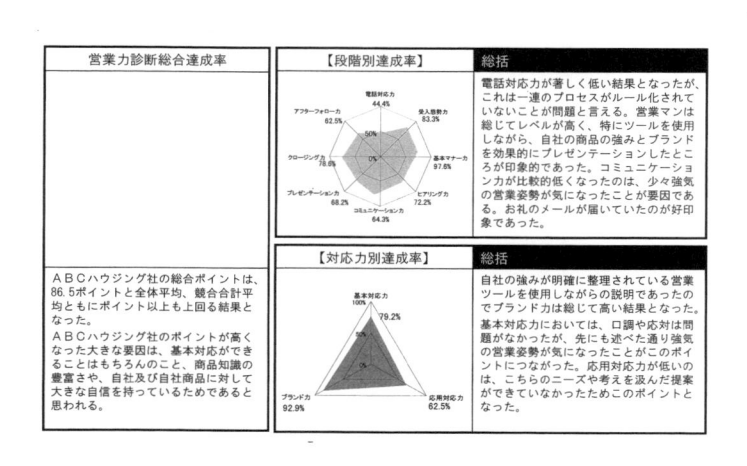

営業力診断総合達成率	【段階別達成率】	総括
	電話対応力 44.4% 受入態勢力 83.3% 基本マナー力 87.6% ヒアリング力 72.2% コミュニケーション力 64.3% プレゼンテーション力 75.8% クロージング力 75.8% アフターフォロー力 62.5%	電話対応力が著しく低い結果となったが、これは一連のプロセスがルール化されていないことが問題と言える。営業マンは総じてレベルが高く、特にツールを使用しながら、自社の商品の強みとブランドを効果的にプレゼンテーションしたところが印象的であった。コミュニケーション力が比較的低くなったのは、少々強気の営業姿勢が気になったことが要因である。お礼のメールが届いていたのが好印象であった。
ＡＢＣハウジング社の総合ポイントは、86.5ポイントと全体平均、競合合計平均ともにポイント以上も上回る結果となった。 ＡＢＣハウジング社のポイントが高くなった大きな要因は、基本対応ができることはもちろんのこと、商品知識の豊富さや、自社及び自社商品に対して大きな自信を持っているためであると思われる。	【対応力別達成率】 基本対応力 100% 応用対応力 62.5% ブランド力 92.9% （79.2%）	自社の強みが明確に整理されている営業ツールを使用しながらの説明であったのでブランド力は総じて高い結果となった。基本対応力においては、口調や応対は問題がなかったが、先にも述べた通り強気の営業姿勢が気になったことがこのポイントにつながった。応用対応力が低いのは、こちらのニーズや考えを汲んだ提案ができていなかったためこのポイントとなった。

第2章　外部環境分析

べきらなくては「何が」「どれぐらい」悪く、「どうすればよいのか」が明確にならないため、実際に現場で使える調査とは言えない。

■チャネル分析

商品の販売量を増やすためには、どのチャネルにモノを流すかが非常に重要である。

チャネルには、大きく「業種・業態」という見方と、「地域」という見方の2つがある。たとえば、BtoB（企業間取引）であれば、商品を商社に扱ってもらったり、卸商に卸したり、自社が直接小売店や量販店に商品を卸すことができるが、これは業種・業態という見方である。一方、「地域」という見方をすれば、今まで東北エリアにしか営業範囲としていなかったのを別エリアにまで広げることも可能である。この卸先の選択によって販売量と粗利率は大きく変わってくるはずである。

そのため、競合分析の際には、知りうるだけ競合のチャネルについて調べ、

図表2-19　ある家具メーカーの競合とのチャネル比較表

	量販店チャネル		家具店チャネル		百貨店チャネル	
	A社	自社	A社	自社	A社	自社
東北エリア	◯	◯	◯	×	◯	◯
関東エリア	◯	△	◯	×	◯	◯
中部エリア	×	◯	×	×	×	◯
……						

自社のそれと比較する。

■立地戦略分析

　メーカーにとって、チャネルの選択が販売量を決める重要なポイントであるように、小売・サービス業においては、立地戦略が販売量を決める重要な要求である。駅前出店型か、郊外出店型か、ロードサイド出店か、インショップ出店か、対象とする商圏人口、商品の購買頻度、単価、顧客特性から出店する場所が決定される。
　つまり、競合と自社の出店箇所を調べ一覧表にまとめることで、競合のターゲットが明確になってくる。また、立地戦略はメーカーやサービス業が顧客に対するメンテナンスなどのサービスを展開する上では、重要なものである。そのため、業種・業態を問わず、出店状況については調査しておく必要がある。

■財務分析のポイント

　財務分析を行なう際には、自社と競合、またはモデル企業の損益計算書（P／L、プロフィット・アンド・ロス・ステートメント）と貸借対照表（B／S、バランスシート）を使って、収益性・生産性・安全性・成長性という４つの視点から分析していくのが一般的である。
　この４つのポイントは関連し合っており、各ポイントについてそれぞれ判断した後、総合的に評価する。
　財務分析は奥が深く、各指標を丸暗記しただけでできるような簡単なものではないが、各指標の意味を理解し、覚えておくことは最低限必要である。なお、各指標の一覧表を巻末に掲載したので参考にしていただきたい。

①収益性……会社の儲ける力、ふさわしい利益を生み出しているかどうかを判断する
②生産性……何をどのくらい投入し、どのくらい算出したのかの度合いを判

③安全性……不況に遭っても倒産しないかどうか、企業体力を判断する
④成長性……企業が今伸びているかどうかを判断する

　これらの要素を自社のものと他社のもので比較して、他社に自社より優れた数字があれば、それを実現できている理由は何かという分析ポイントができる。また、自社が他社より優れた数字があればそれをキープし、またさらにその差を広げるためには何が必要かを考察することができる。
　本項では、「①収益性」に着目し、分析する。

■収益性

　収益性による分析では、企業が投下している資本に占める利益の割合を分析し、企業がいかに効率的に儲けているかを判断する。
　具体的には、企業が投資家や債権者から調達した資金を事業に投下した金額から、商品仕入費用や人件費などの費用を差し引いて、どれだけの利益を効率的に残したかを見る。少ない投資で大きな利益を得られた場合、「収益性がよい」と判断する。収益性による分析にあたっては、投下した資本に対して残した利益の割合すなわち、「資本利益率」について考えてみる。
　資本利益率とは、資本（事業に投下された資金）に対して、どれだけの利益を生むことができたかという利回りを見る指標である。組み合わせによって、比率の示す意味が異なってくる。比率が高いほど、収益性が優れていることになる。基本としては、銀行金利よりも高い値がよいと考えられている。つまり、同じ資金をリスクの低い銀行に預けた方が儲かるようでは、その事業はやらないほうがましということである。
　資本利益率は次の式で表すことができる。

$$資本利益率 = \frac{利益}{資本} = \frac{営業利益・経常利益など}{総資本・経営資本・自己資本}$$

一般的によく使われる代表的な指標「総資本利益率」は、以下の公式で表される。

$$総資本利益率（％）= \frac{営業利益}{総資本} \times 100$$

また、分母・分子に「売上総利益」をかけることで、以下のように効率性を表す指標（総資本回転率）と収益性を表す指標（売上高利益率）の積として展開できる。

それゆえ、総資本利益率は、「収益性の総合指標」とも言われている。

$$総資本利益率 = \frac{営業利益}{総資本} = \frac{売上総利益}{総資本} \times \frac{営業利益}{売上総利益}$$

■マクドナルドとモスバーガーの比較

ここで、前にも登場したハンバーガーのファーストフード業界、マクドナルドとモスバーガーの財務分析を行ってみる（2006年1月のデータ）。

式の左側（売上総利益／総資本）は総資本で持っている財産でどれだけ効率よく稼いでいるか、商品を販売して付加価値の大きさを示す。右側（営業利益／売上総利益）は営業利益でどれだけ儲かっているかがわかる。

【マクドナルド】
総資本回転率（売上総利益／総資本）×売上高利益率（営業利益／売上総利益）

$$= \frac{3,269,000}{154,988,000} \times \frac{1,269,000}{3,269,000}$$

第2章 外部環境分析

=0.021 × 0.388
=0.0081

【モスバーガー】
総資本回転率（売上総利益／総資本）×売上高利益率（営業利益／売上総利益）

$$= \frac{23{,}144{,}000}{46{,}746{,}000} \times \frac{2{,}490{,}000}{23{,}144{,}000}$$

=0.495 × 0.108
=0.0535

　以上の結果より、次のようなことが考察できる。
　マクドナルドは、
・モスバーガーと比較して、売上も大きいし、規模も大きい
・安く売って、薄く儲けるという薄利多売型であるため、資本から見ると売上総利益（付加価値）は少ない
・そのかわり、ローコストオペレーションとなっているため、少ない売上総利益から資本利益を出す力はモスバーガーと比較して強い

　一方、モスバーガーは、
・マクドナルドと比較して売上が小さく、規模も小さい
・売上が小さく、経費がかかっている
・しかし、資本から見た売上総利益は高いため、付加価値の高い商品を販売している

　このような分析をすることで、たとえばモスバーガーは今の商品レベルをキープしたままマクドナルドのローコストを実現しているコツを探し、取り入れることはできないか、では、具体的にどのようなことをしているのかと

いう分析ポイントを探すことができる。

■異業種に学ぶ手法（ベンチマーキング）

　最後に、異業種に学ぶ手法（ベンチマーキング）について説明する。
　ベンチマーキングとは、ベンチに座って観察することが語源である。すなわち、「業種を超えて、他企業から参考になる方法を学ぶ」ために行う調査のことである（ちなみにIT業界で「ベンチマーキング」といった場合には、「製品性能の比較調査」という意味で使用されている）。
　この調査もヒアリングを中心に行うことが多いが、前項の競合分析とは異なり、自社と直接的な市場バッティングはない。したがって、ベンチマークされる側の企業もそれほどガードは固くないという特徴がある。外部機関に依頼しても構わないが、敷居が高くないので、一度ヒアリングに挑戦するのもいいかもしれない。
　さて、ベンチマークの調査結果について、今は現状分析を行う段階であるので、調査した他社のよいところをすぐにそのまま真似る必要はない。まずは使えそうな素材をいくつか集めておき、各社の長所を学ぶことが肝要である。そして、戦略を立案する段階になって、はじめて自社で行うかどうかを決めればよいのである。もちろん、自社で実施すると決めたものでも、そのまま使えないものが数多くある。他社から学んだものを自社流にカスタマイズして使用する必要がある。
　ベンチマーキング調査を行うテーマは、一般的には競合調査と同じようにマーケティングミックスとバリューチェーンという切り口で行うが、実際には多岐にわたる。新規顧客を獲得する力が弱い、顧客との関係性が弱いため固定客化が進まない、営業部門と研究開発部門とのコミュニケーションが悪いため開発された新商品が市場ニーズと合わないなど、会社の課題に即したテーマで、その部分に強いとされる会社を探せばよい。

■いつ、何で、どのように成功したのか

　ベンチマーキングは、戦略を立案する上で最も参考になるものである。何より、「企業の将来の方向性を立案する」という不確実性の高いものをつくることが企業戦略を立案するということであるならば、先に成功をおさめた企業でどのような状況で、どのような判断をしたのか、また成功をおさめる上で何がポイントであったかを知ることは、戦略づくりにおいて非常に有効である。また、何よりも実行するメンバー全員が成功イメージを持つことができるというのも、戦略を実行する上での推進力となりやすい。

　ベンチマーキングをする上では、まず自社が現状持つ課題・進みたい方向性に対して、成功しているモデルを探すことが重要である。また、モデルは何も同じ業界である必要はないし、日本国内だけに求める必要もない。何か1つでも優れた例があり、自社にとって取り入れたほうがよい点があるのであれば、積極的に取り入れていきたい。

　ベンチマーキング先をリストアップした次は、いよいよそのポイントを拾っていくことになるが、主に次のような項目を意識して調べることが重要である。

①いつ（when）、何（what）に成功したのか
②何で（why）成功したのか
③どのように（how）成功したのか

　以上のポイントをしっかりとおさえることで、自社にうまく取り込むことができるモデル事例が決まってくる。

第3章

内部環境分析

|1| マーケティング編
|2| マネジメント編

1 マーケティング編

■「外部の目」を利用する重要性

　ここから、内部環境分析に入る。内部環境分析とは、自社分析に他ならない。

　自社分析を実施するときも、外部環境分析における競合分析と同様、できる限り外部機関を利用することを勧める。

　それは自社調査や分析を自分自身で行なってしまうと、知らず知らずのうちに「作業仮説」に陥ってしまうからである。これは、船井総研の実績による経験則である。

　ここでいう作業仮説とは、「日常業務に携わっていることで、日頃の仕事に埋没してしまい、客観的な視点が持てなくなり、客観的で論理的な思考を阻害すること」を指す。普段は当たり前だと行っている業務が、実は的外れであることは少なくない。

　この作業仮説に陥らないためにも、できれば客観的な「外部の目」を利用すべきである。

■自社分析で全体を俯瞰しよう

　第1部「経営戦略の実際と考え方」では、業界構造を理解するために、業界全体の事業構成（＝タテ）と、全体のサプライチェーン（＝ヨコ）を俯瞰する必要があることを記載した。

第3章　内部環境分析

　自社分析でもこれと同様、「タテ」と「ヨコ」の二次元で自社を捉える必要がある。この場合、「タテ」とは自部門（または自社）が扱う事業単位構成であり、「ヨコ」はバリューチェーンになる。
「タテ」となる事業単位構成については、まず、自部門で扱う事業（商品やサービス）ごとの売上金額と売上構成比を算出する。この際、ひとくくりにする事業単位をどの程度にするかは、大手企業の場合は戦略的事業単位、中堅企業以下の場合は商品部門単位で区分するのが一般的である。そして、それぞれの事業単位や部品部門区分ごとに、売上総利益と大まかな営業利益を算出する。
　こうすることにより、現状の自社における事業ごとの売上貢献度合いや利益（粗利・営業利益）貢献度合いを判別することができる（下図参照）。

図表2-20　事業構成分析の例

事業単位	売上高		売上総利益		営業利益	
	金額	構成比	金額	構成比	金額	構成比
事業A						
事業B						
事業C						

　この分析を通じて、定量的に各事業の現状が見えてくる。もちろん、ある事業についての売上貢献や利益貢献が低いという理由だけで、その事業からの撤退を決定することは早計である。
　しかし、この分析結果がある種のガイドラインになることは確かである。部門によっては、赤字事業や商品であることに気づかずにいることがあるが、そのようなミスを未然に防ぐことができる。また、何らかの戦略的な位置づけで赤字事業をそのままにしておくということであれば、現状での存在根拠や戦略など、その事業についての認識を全社で共有することが必要になってくる。

■ABC分析による売上貢献度別商品分類

　ABC分析とは、取扱商品を売上高の大きさによって、A・B・Cと3分類する手法である。それにより、売上貢献度別に商品が把握でき、売上貢献度の高いものを重点的に管理することが可能になる。
　具体的な方法としては、次のようになる。
①自社の全商品群の売上金額を算出
⬇
②売上実績の大きい順に並べる
⬇
③売上金額累計構成比を算出
⬇
④構成比の上位70％（80％のときもある）までをA、続く90％までをB、残りをCとする。

Aランク商品群：売上の70％を占める主力商品
Bランク商品群：売上の上位70～90％を占める準主力商品
Cランク商品群：売上の残り10％を占める見せ筋商品、または死に商品

　このようなABC分析や次に説明するツキ管理シートによる分析を実施して、売れ筋商品・売り筋商品・見せ筋商品・死に筋商品などに分ける。それぞれの意味は次ページの図を参照していただきたい。

■ツキ管理シート

　自社の商品・サービス、事業の何が今顧客から支持されているか、今後自社がどの商品・サービス、事業に力を入れていけばいいかを知るために、各商品・サービス、事業ごとの売上構成比と昨年との伸張率をプロットした図を作成する。これを「ツキ管理シート」と言い、商品・サービス、各事業部

第3章　内部環境分析

図表2-21　ABC分析

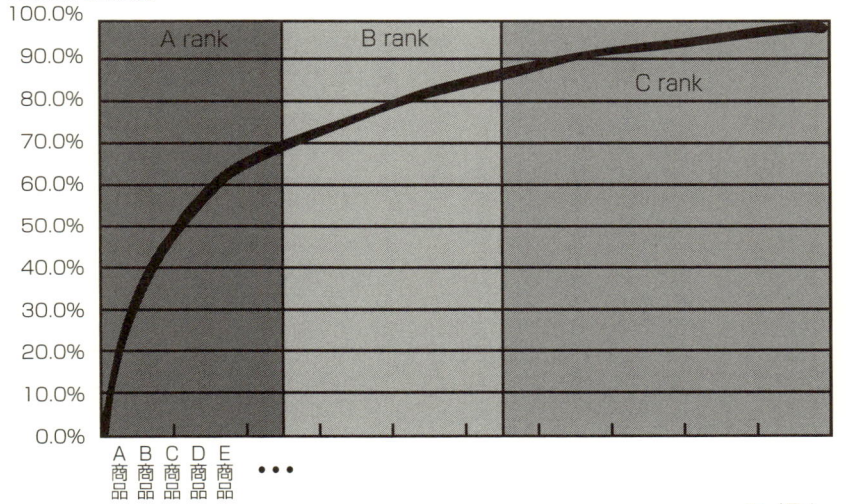

累計販売構成比

(グラフ: 縦軸 0.0%～100.0%、横軸 アイテム(A商品、B商品、C商品、D商品、E商品…)。A rank、B rank、C rankの3区分を示すパレート曲線)

アイテム

図表2-22　商品群の名称と意味

売れ筋商品	販売金額、数量とも圧倒的一番の商品
売り筋商品	全社が一丸となって販売攻勢をかける商品。今後の売れ筋に仕立てていける要素を持った商品
見せ筋商品	お客様の興味をひくような真新しい商品。季節商品、トレンド商品など
死に筋商品	以前は売れていたが、何らかの理由で売れなくなった商品

第2部　現状分析

ごとの現状を俯瞰し、方向性を見出すのに向いている。

　ツキ管理シートを作成すると、構成比の平均（100％÷アイテム数）と伸張率の平均（全体の伸張率％）をこのシートに入れることで、4つの象限に分けることができる。

・Aゾーンは構成比が低いが、今後伸びそうな育成商品
・Bゾーンは構成比が高く、今も伸びている主力商品
・Cゾーンは構成比も低く、伸び率も低い圧縮、カット対象商品
・Dゾーンは構成比が高いが数字が落ちている過去の主力商品

　基本的にはどの商品も投入したときにはAゾーンから入り、Bゾーンへと育成され、やがて時流から外れてDゾーンに落ち、最後にはCゾーンへと入って店舗からなくなる。そのため、この4つの中でどの順番で力を入れるべきかであるが、CゾーンやDゾーンの商品は時流から外れているために力を入れても効果をあげにくい。まずは、現状伸張率が高い（ツキがある）AゾーンやBゾーンの商品に力を入れるのがベストである。このBゾーンの商品の中でも前年比17％以上伸びている商品は「パワーアイテム」と呼ばれ、とりわけ力を入れて主力商品へと育てていきたい。

第3章 内部環境分析

図表2-23　ツキ管理シート

	売上構成比（低）	売上構成比（高）
売上の伸び（高）	Aゾーン ＜優先順位2＞ 育成	Bゾーン ＜優先順位1＞ 主力展開
売上の伸び（低）	Cゾーン ＜優先順位4＞ 圧縮 カット	Dゾーン ＜優先順位3＞ 現状維持 再浮上策

第2部　現状分析

図表2-24　ツキ管理シート例

車種名	前年売上高	当年売上高	当年構成比	伸張率
A	250	300	22.9%	120.0%
B	71	100	7.6%	140.8%
C	437	350	26.7%	80.1%
D	166	150	11.5%	90.4%
E	100	70	5.3%	70.0%
F	74	30	2.3%	40.5%
G	300	310	23.7%	103.3%
合計	1,398	1,310	100.0%	93.7%

プロット点：
- A(22.9%, 120%)
- B(7.6%, 140%)
- C(26.7%, 80.1%)
- D(11.5%, 90%)
- E(5.3%, 70%)
- F(2.3%, 40%)
- G(23.7%, 103%)

全体の伸び＝93.7%
100÷アイテム数＝14.2%

2 マネジメント編

■アンケート

　社内の現状を把握するために、働いている社員・スタッフの声を集めるということも必要である。その最も効率的な方向の1つに、アンケートによる調査がある。
　アンケートの実施には2つのメリットがある。1つは、もちろん社員・スタッフの生の声を聞くことができるため、今後の戦略を立案する上での方向性や現状会社が抱えている課題を探ることができることである。もう1つは、アンケートを戦略に活かしていくことで、戦略を実行段階に落とし込む際に「自分の意見が盛り込まれた戦略」となるために行動しやすくなるということである。
　アンケート項目としては、次ページのような内容を聞いていくとよい。

第3章　内部環境分析

第2部　現状分析

	質問
会社	1. 自社の理念を知っていますか？
	2. 将来性（夢）のある会社ですか？
	3. 会社に誇りを持っていますか？
マーケティング	4. 同業他社に負けない特色はありますか？
	5. 営業力は強いと思いますか？
	6. 知名度は高いと思いますか？
	7. 価格競争力は強いと思いますか？
	8. 商品やサービスの品質に自信はありますか？
	9. 納期はしっかり守られていますか？
	10. アフターサービスは充実していますか？
	11. 企画・提案力は強いと思いますか？
	12. 新商品の開発は進められていますか？
マネジメント	13. 今の仕事にやりがいを感じていますか？
	14. 会社の目標と自分の（仕事上の）目標は明確ですか？
	15. 責任と権限がはっきりしていますか？
	16. 社内の連絡はスムーズですか？
	17. 個人の個性や希望を理解している会社ですか？
	18. 人材の育成に熱心な会社ですか？
	19. がんばる人が報われる仕組みですか？
	20. 下からの意見や提案が取り上げられますか？
	21. 働きやすい職場環境ですか？
	22. 待遇面で満足していますか？

■ヒアリング項目の展開

社内アンケートを実施し、ヒアリング項目を大きくマーケティングとマネジメントに分ける。マーケティングに関する項目はバリューチェーン、マネジメントに関する項目にはマネジメントシステムに整理する。

こうすることで、自社のマーケティングやマネジメントについて社員・スタッフが感じている現状をチェックすることができ、自社は何で強いのか、今後改善していくことは何かを知ることができる。

また、マーケティング項目に関しては、自社の顧客に対して同じようなアンケートを実施することで、自社のサービスを購入してくださっている顧客からの意見と、そのサービスを提供している自社の社員からの意見を比較することができ、こちらも今後自社の方向性を探る上で非常に重要である。

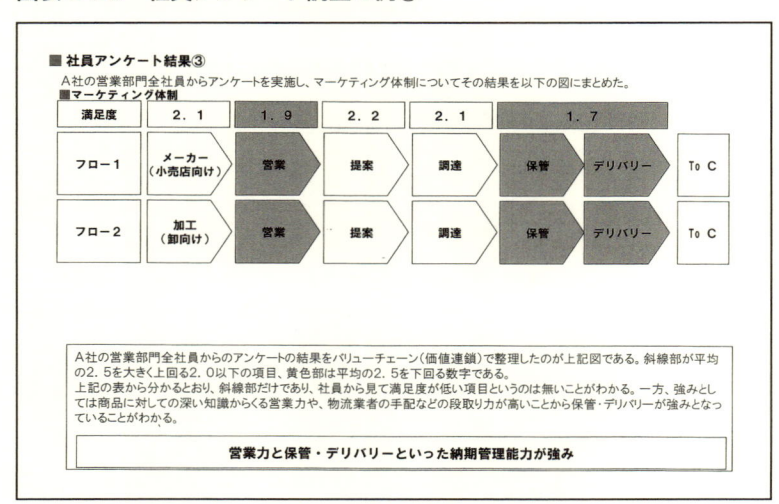

図表 2-25　社員アンケート調査の例①

■ 社員アンケート結果③
A社の営業部門全社員からアンケートを実施し、マーケティング体制についてその結果を以下の図にまとめた。

■ マーケティング体制

満足度		2.1	1.9	2.2	2.1	1.7		
フロー1	メーカー（小売店向け）	営業	提案	調達	保管	デリバリー	To C
フロー2	加工（卸向け）	営業	提案	調達	保管	デリバリー	To C

A社の営業部門全社員からのアンケートの結果をバリューチェーン（価値連鎖）で整理したのが上記図である。斜線部が平均の2.5を大きく上回る2.0以下の項目、黄色部は平均から見て2.5を下回る数字である。
上記の表から分かるとおり、斜線部だけであり、社員から見て満足度が低い項目というのは無いことがわかる。一方、強みとしては商品に対しての深い知識からくる営業力や、物流業者の手配などの段取り力が高いことから保管・デリバリーが強みとなっていることがわかる。

営業力と保管・デリバリーといった納期管理能力が強み

第3章 内部環境分析

図表 2-26 社員アンケート調査の例②

■ 社員アンケート結果③
A社の営業部門全社員からアンケートを実施し、マネジメント体制についてその結果を以下の図にまとめた。

■ マネジメント体制

企業方向性提示

経営理念	2.6
経営目標	2.2
自社の特徴	1.6

マネジメントシステム

働きやすい	1.7
社内連絡	2.1
人材育成	3.1

責任と権限

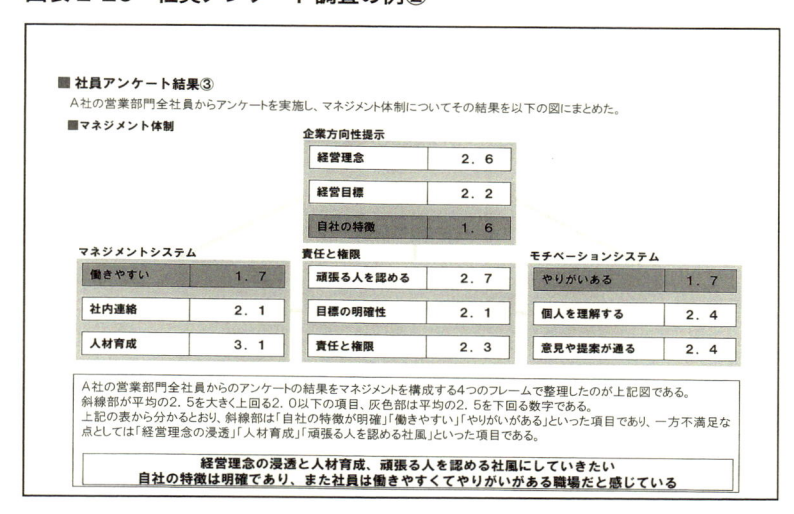

頑張る人を認める	2.7
目標の明確性	2.1
責任と権限	2.3

モチベーションシステム

やりがいある	1.7
個人を理解する	2.4
意見や提案が通る	2.4

A社の営業部門全社員からのアンケートの結果をマネジメントを構成する4つのフレームで整理したのが上記図である。斜線部が平均の2.5を大きく上回る2.0以下の項目、灰色部は平均の2.5を下回る数字である。
上記の表から分かるとおり、斜線部は「自社の特徴が明確」「働きやすい」「やりがいがある」といった項目であり、一方不満足な点としては「経営理念の浸透」「人材育成」「頑張る人を認める社風」といった項目である。

> 経営理念の浸透と人材育成、頑張る人を認める社風にしていきたい
> 自社の特徴は明確であり、また社員は働きやすくてやりがいがある職場だと感じている

第2部 現状分析

図表 2-27 顧客アンケート調査の例

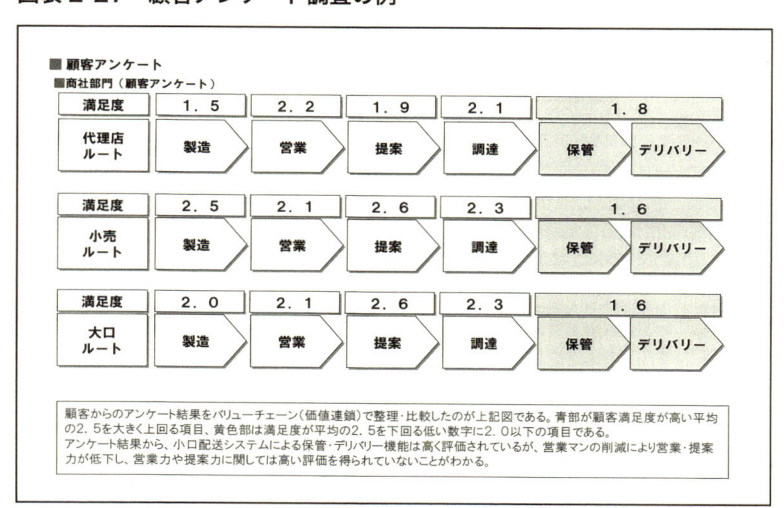

■ 顧客アンケート
■ 商社部門（顧客アンケート）

満足度	1.5	2.2	1.9	2.1	1.8	
代理店ルート	製造	営業	提案	調達	保管	デリバリー

満足度	2.5	2.1	2.6	2.3	1.6	
小売ルート	製造	営業	提案	調達	保管	デリバリー

満足度	2.0	2.1	2.6	2.3	1.6	
大口ルート	製造	営業	提案	調達	保管	デリバリー

顧客からのアンケート結果をバリューチェーン（価値連鎖）で整理・比較したのが上記図である。青部が顧客満足度が高い平均の2.5を大きく上回る項目、黄色部は満足度が平均の2.5を下回る低い数字に2.0以下の項目である。
アンケート結果から、小口配送システムによる保管・デリバリー機能は高く評価されているが、営業マンの削減により営業・提案力が低下し、営業力や提案力に関しては高い評価を得られていないことがわかる。

■自社の強みと弱み

そして、次のステップでは、この自社の事業単位ごとに、競合調査と同じようにターゲティングおよび4Pについての分析と、バリューチェーンについての分析を行っていくのである。

最終的には、前項の総合分析と自社分析を基に、「結果系」としてのマーケティングミックスと、「プロセス系」としてのバリューチェーンという2つのフレームを用いて、直接競合しているライバル企業と自社のビジネスモデルを明らかにしていく。

下図のように、自社と競合企業との違いを明らかにすることが、今後の戦略を検討する上では重要な作業になってくる。

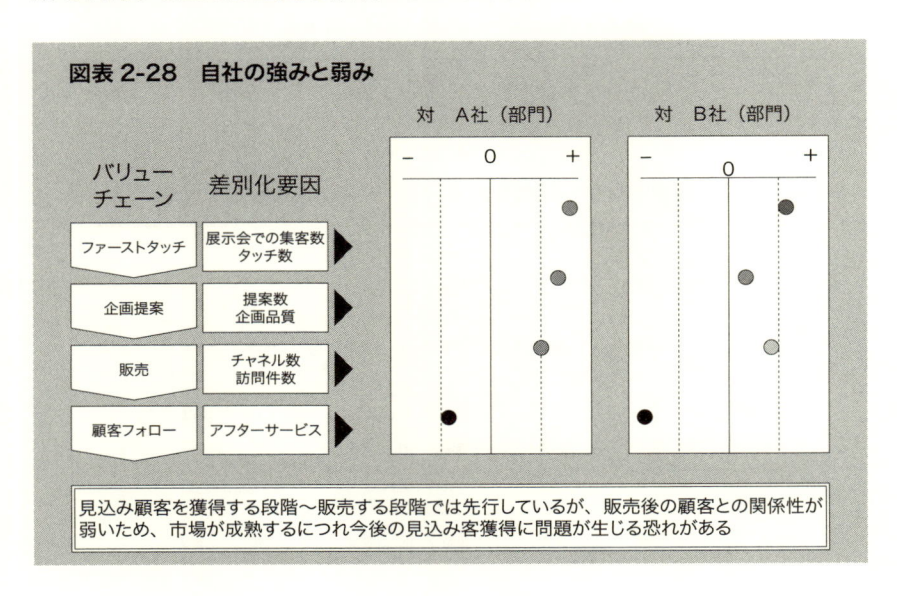

図表 2-28　自社の強みと弱み

バリューチェーン	差別化要因	対 A社（部門）	対 B社（部門）
ファーストタッチ	展示会での集客数 タッチ数	+	+
企画提案	提案数 企画品質	0	0
販売	チャネル数 訪問件数	0	−
顧客フォロー	アフターサービス	−	−

見込み顧客を獲得する段階～販売する段階では先行しているが、販売後の顧客との関係性が弱いため、市場が成熟するにつれ今後の見込み客獲得に問題が生じる恐れがある

■PPM分析

PPM（プロダクト・ポートフォリオ・マネジメント）とは、ボストン・コ

ンサルティング・グループによる、企業が事業の組み合わせを最適化するための考え方である。

自社のどの部門を伸ばしていけばいいのか、逆にどの部門を縮小しなくてはならないかを判断するためには、利益の源泉がどこのあるかを知る必要がある。

販売事業別・エリア別による「売上－利益」の把握、また、その利益構造をチェックすることにより、自社がどのような方向性をとるべきなのかが明確になってくる。その際、有効な手段として用いられるのがPPM分析である。

分析のやり方は、市場を伸び率とシェアの高・低で4つの象限に分け、各事業をプロットする。この4象限は「問題児」「スター」「金のなる木」「負け犬」と呼ばれ、その位置づけから各事業の方向性を探ることができる。

各事象については以下のようになる。

図表2-29　PPM

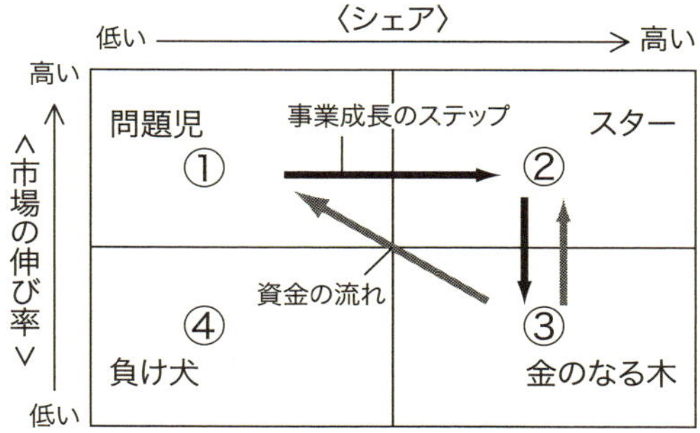

〈シェア〉　低い → 高い
市場の伸び率　高い → 低い

① 問題児　　事業成長のステップ　　② スター
④ 負け犬　　資金の流れ　　③ 金のなる木

①問題児……赤字だが、有望な事業であり、市場の成長に対して資金が不足している事業
②スター……黒字だが、競争に勝ち続けるために資金が必要な事業。市場の成長に合わせた投資を続けていくことが必要な事業
③金のなる木……ドル箱事業（大きな投資なしに黒字を生み出す事業）であり、スターや問題児部門育成のための資金源となる
④負け犬……将来性が低く、基本的に撤退すべき事業

この分析を行うことで、企業が展開する複数の事業について以下の4点を見極めることができるため、事業戦略を立案する上で重要なものである。

・まだ育成すべき段階にあるのか
・現在の取り組みを維持・継続する段階にあるのか
・事業への投資を抑えて収益を回収・収穫する段階にあるのか
・撤退する段階にあるのか

■マネジメントシステム

組織であれば、必ずマネジメントシステムは存在する。

たとえば製造業であれば、売上を達成するためには、営業が顧客を確保し、製品を製造し、品質管理を行い、物流・販売活動を行う。さらに、このようなマーケティングに関わる商流・物流以外にも、一般的には「マネジメント」と呼ばれるカネの流れである金流・財務の部分やヒトに関する部分の人的資源管理などのサブシステムがあることで、企業は業績をあげることができる。

これら企業が業績をあげるための全体のシステムをここでは「マネジメントシステム」と呼ぶ。自社分析の最後に、自社が強みを発揮しながら市場競争を勝ち抜き、マーケティングおよびマネジメントの2つがどのようにすればともにバランスよくまわるのかを整理する「戦略のグッドサイクル」や「戦略マップ」の作成と活用について以下に説明する。

このグッドサイクルや戦略マップが完成しなくては、次のフェーズで戦略のKSF（Key success factor）やKPI（key performance indicator）の設定ができない。そのため、時間をかけてグッドサイクルや戦略マップを作成していただきたい。

グッドサイクルとは、顧客満足を中心として自社がどのような経営をすれば、顧客にさらによいサービスを提供し、成長し続けられるかを表したものである。一般的には、会社の主なステークホルダーである顧客と社員、株主

第3章　内部環境分析

の三者がいかに満足をするかを考えてサイクルを描くとよい。グッドサイクルは細かく作ろうとすると、非常に大きな表になってしまうが、大事なことは、大きくどのようなラインを描いて自社の満足の輪がまわっているのか、何に投資していかなくてはならないかを俯瞰するものなので、あまり細かくつくらない方がよい。実際のグッドサイクルの事例は以下の図を参考にしていただきたい。

　グッドサイクル以外に、もう1つマネジメントサイクルをチェックする方法として、BSC（バランススコアカード）の手法にある戦略マップを作成することがある。これは、グッドサイクルが3つのステークホルダーの満足を中心にして考えていたのに対して、「人材の視点…従業員教育、モチベーションの維持など」「プロセスの視点…サイクルタイムの最適化、ミスのない商品づくりなど」「顧客の視点…スケジュールタイムを遵守、低価格での商品提供など」「財務の視点…コスト削減による利益率のアップ、従業員の給料UPなど」の視点で、下から順に積み上げて、業績の因果関係を考えるという方法である。

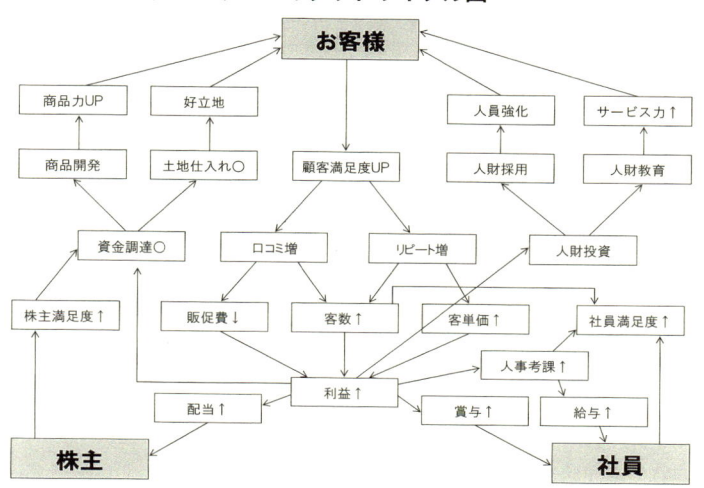

図表2-30　あるデベロッパーのグッドサイクル図

図表 2-31　戦略マップの例

「バランスト・スコアカードの実践ツールストラテジー・マップ」より

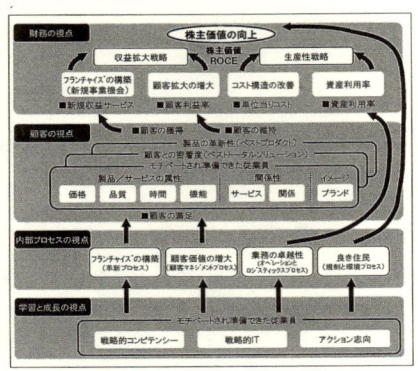

図表 2-32　サウスウエスト航空における戦略マップ

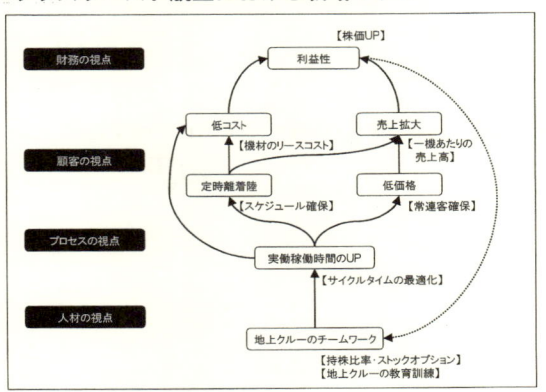

第4章

外・内部分析のまとめ

|1| SWOT分析

1 SWOT分析

■外部・内部環境分析をまとめるSWOT分析

　企業の外部環境分析・内部環境分析を実施した後は、具体的なマーケティング、マネジメントの施策をつくりあげていく。これまで外部・内部環境分析を行ってきたのは、これから説明するSWOT分析を行うためである。このSWOT分析の結果から、戦略対応の方針と経営資源補強の方針を抽出し、戦略の方向性を立案する。

　SWOT分析の実施手順は、まず外部環境分析の結果である機会（Opportunity）と脅威（Threat）と、内部環境分析の結果である強み（Strength）と弱み（Weakness）を一覧表として作成する。

　この外部・内部環境分析の結果を、2×2のマトリックスの上側に機会と脅威を、左側に強みと弱みを書き入れる。これでSWOT分析を実施する手順は整う。

　次に、マトリックスの中身を埋めていく。自社の強みで取り込むことができる事業機会は何か？（機会と強み）、自社の弱みで事業機会を取りこぼさないためには何が必要か？（機会と弱み）、自社の強みで脅威を回避できないか？、他社に脅威でも自社の強みで事業機会にできないか？（脅威と強み）、脅威と弱みの鉢合わせで最悪の事態を招かないためには？（脅威と弱み）という4つの視点で、今後の方策をつくりあげていく。

　機会と脅威を横軸、強みと弱みを縦軸として、市場の機会に対して自社の強みをぶつけることによって市場を取り込むことはできないか、また市場の

第4章 外・内部分析のまとめ

図表 2-33 外・内部環境分析のまとめ

【外部環境分析】　　　　　　　　　　【内部環境分析】

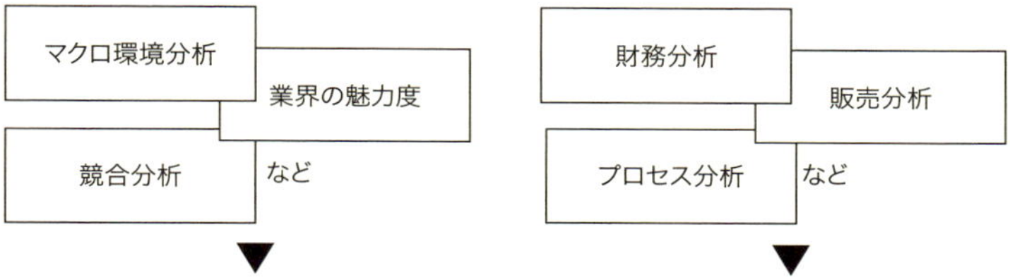

マクロ環境分析　　　　　　　　　　　財務分析
　　　業界の魅力度　　　　　　　　　　　販売分析
競合分析　など　　　　　　　　　　プロセス分析　など

▼　　　　　　　　　　　　　　　　　▼

	外部環境要因	想定される機会
マクロ環境分析		
業界の魅力度		
競合分析		

	強みとなる要因	根拠・理由
財務分析		
販売分析		
プロセス分析		

	内部環境要因	想定される脅威
マクロ環境分析		
業界の魅力度		
競合分析		

	弱みとなる要因	根拠・理由
財務分析		
販売分析		
プロセス分析		

【SWOT分析】

	機会（Opportunity）	脅威（Threat）
強み(Strength)	自社の強みで取り込むことができる事業機会は何か？	自社の強みで脅威を回避できないか？他社に脅威でも自社の強みで事業機会にできないか？
弱み(Weakness)	自社の弱みで事業機会を取りこぼさないためには何が必要か？	脅威と弱みのはち合わせで最悪の事態を招かないためには？

↓　　　　　　　　　　　　　　　　　↓

強みの強化、戦略対応の方針へ　　　　弱みの改善・経営資源補強の方針へ

第2部　現状分析

脅威と自社の弱みの鉢合わせによって最悪の事態を招かないようにするにはどうすればいいのかというように考えることで、ヌケやモレのないマーケティングプランを策定することができる。

以下に、SWOT分析の例を示す。

■ SWOT分析の実施例

具体的にSWOT分析を実施した、ある注文住宅会社の事例を掲載した。

この注文住宅会社は独自の製法により高気密・高断熱の家を建てることができ、ある地方でこれまで1000棟以上の住宅を建てた実績がある。しかし、明確な商品ブランドがなく、中途採用者が多いため、自社の製法のよさをうまく顧客に伝えられないでいた。

そのような状況の中、この注文住宅会社がどのような打ち手をとるべきかをSWOT分析で考察し、まとめた。

第4章 外・内部分析のまとめ

図表 2-34　内部環境分析・外部環境分析のまとめ（例）

■ 内部環境分析・外部環境分析のまとめ

内部環境分析まとめ	強み（Strength）
	・独自の製法を使って密閉性が高く、高断熱の住宅をつくることができる。 ・すでに地元で1,000棟以上を手がけた実績があり、顧客基盤が充実している。
	弱み（Weakness）
	・顧客ターゲットが絞りこめていない。商品ブランドが不明確になっている。 ・不動産専門部署が存在しないため、商品を気に入って頂いても土地が紹介できないため失客するケースがある。 ・中途採用に頼っており人材を育成する仕組み、誰でも売れる仕組みの両面がない。

外部環境分析まとめ	機会（Opportunity）
	・団塊ジュニアの住宅購入へのニーズの高まりで短期的に市場は拡大基調にある。
	脅威（Threat）
	・今後、人口の減少化が進むと同時に注文住宅市場も縮小していく可能性が極めて高い。

図表 2-35　SWOT分析（例）

■ SWOT分析

		外部環境分析	
		機会（Opportunity） ・団塊ジュニアの住宅購入へのニーズの高まりで短期的に市場は拡大基調にある。	脅威（Threat） ・今後、人口の減少化が進むと同時に注文住宅市場も縮小していく可能性が極めて高い。
内部環境分析	強み（Strength） ・独自の製法を使って密閉性が高く、高断熱の住宅をつくることができる。 ・すでに地元で1,000棟以上を手がけた実績があり、顧客基盤が充実している。	積極的攻勢 自社の強みで取り込める事業機会の創出 ・自社の独自の密閉性の高い、高断熱の住宅が持つ強みを打ち出したブランド商品戦略を構築する。 ・自社の手がけた実績を実績をまとめ、コアとした商品ブランドを持ちながらも、幅広い住宅ニーズにも対応できることをアピールする。	差別化戦略 自社の強みで脅威を回避または事業機会の創出 ・いち早く自社の商品ブランドを確立し、市場の縮小時にも勝ち残れる組織体制を構築する。
	弱み（Weakness） ・顧客ターゲットが絞りこめていない。商品ブランドが不明確になっている。 ・不動産専門部署が存在しないため、商品を気に入って頂いても土地が紹介できないめ失客するケースがある。 ・中途採用に頼っており人材を育成する仕組み、誰でも売れる仕組みの両面がない。	段階的施策 自社の弱みで事業機会を取りこぼさないための対策 ・今までの顧客名簿を社内で共有し、販売効率を最大化させることにより、俗人的な販売システムから脱却する。 ・ターゲットとコンセプトを明確化し、顧客メリットまで落とし込むことにより用地取得への依存度を極小化する。 ・営業力を標準化させる育成システムを構築し、組織営業力を高めシェア拡大を狙う。	専守防衛または撤退 自社の弱みと脅威で最悪の事態を招かない対策 ・人材育成制度及び組織的な営業システムを構築することにより、商品力以外で差別化が可能な営業体制をつくりあげる。

FUNAI CONSULTING
Immediate Performance
Improvement Series

第3部

基本戦略

第1章

基本戦略

- |1| 基本戦略の考え方
- |2| ポーターの4つの戦略

1 基本戦略の考え方

■基本戦略の考え方

「現状分析」に続く「基本戦略」からは、いよいよ自社の進むべき方向性を決めるフェーズに入っていく。

現状分析を精密にやり込むとそのアウトプットであるSWOT分析から、今後の施策や改善項目などが具体的な取り組みとしてできあがる。では、戦略をつくる上ではSWOT分析を行なうだけでよいのだろうか。

経営戦略がこのように分析結果からその方向性を見出すものなのであれば、同業種のすべての企業が同じような方向性を打ち出していくことになる。

現状分析を十分に行った結果の1つに「強みの把握」がある。最終的に顧客がなぜその企業と付き合っているかと言えば、その企業の他社より優れた点である。そのため、その強み、お客様への貢献点を磨き上げつづけていくことこそが、その企業がどのような環境に置かれても勝ちつづけるためのポイントとなる。

船井総研の創業者である船井幸雄は、企業が業績を伸ばすためには時流に乗る（機会を掴む）か、他社に負けないものをつくる（強みを活かす）しかないとしている。そして、その企業にしかつくれない独自固有の長所をつくることこそが経営における原理原則だとしている。そのため、SWOT分析、改善項目の抽出などでできた今後取り組むべき項目を短期的な戦略とすると、強みをつくりその強みを磨きつづけること、その強みを発揮することができる市場を探すことこそが、中長期的な経営戦略だと言える。

第1章 基本戦略

　この「基本戦略」フェーズでは、「基本戦略フレーム」を用い、自社が生み出す価値（バリュー）をどこに置くかという戦略の基本スタンスを決定する。その結果として、短期的な視点ではなく、中長期的な視点の顧客ターゲットと製品（Product）、価格（Price）、流通（Place）、プロモーション（Promotion）からなる４Ｐ戦略における基本戦略を構築していく。
　なお、バリューチェーンを使用した成長戦略の考え方には、次の５つがある。

①インテグレーター（垂直統合）
②オーケストラレーター
③レイヤーマスター
④マーケットメーカー
⑤パーソナルエージェント

　基本戦略（強みのさらなる強化と活かせる市場のサーチ）は戦略の根幹と

《①インテグレーター（垂直統合）》
川上、川下の統合によって１つのバリューチェーン上での支配的な地位を築く。

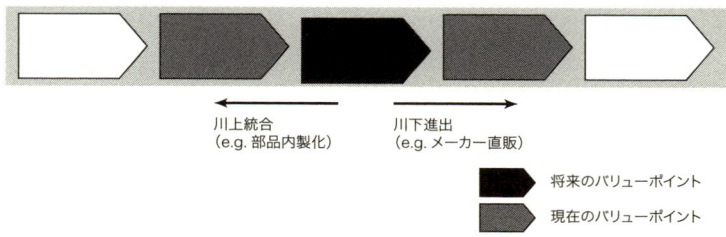

　　　　←川上統合　　　　　川下進出→
　　　（e.g. 部品内製化）　（e.g. メーカー直販）

　　■ 将来のバリューポイント
　　■ 現在のバリューポイント

《②オーケストラレーター》
現在のバリューポイント以外は全て外注する。しかし、バリューチェーン全体の統合役（指揮者の役割）を果たす。（e.g. デル、ライアンエア）

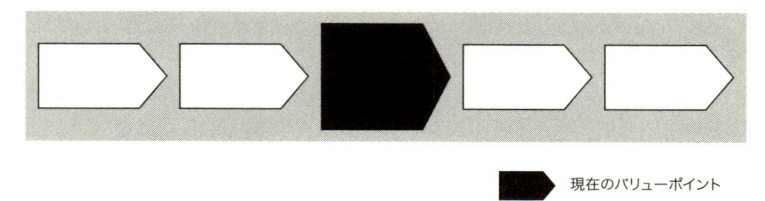

　　■ 現在のバリューポイント

《③レイヤーマスター》
現在のバリューポイントに特化して、他企業のバリューチェーンに対しても支配的な地位を築く（e.g. ヤナセ、ソニーEMCS）

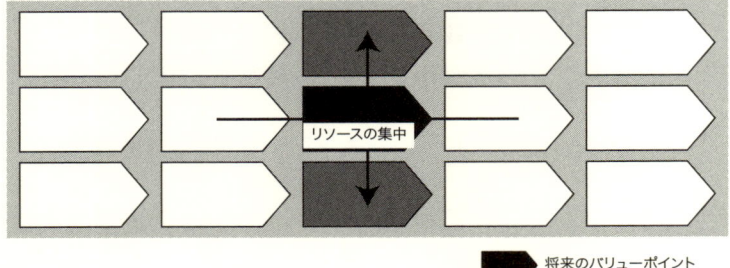

リソースの集中

将来のバリューポイント
現在のバリューポイント

《④マーケットメーカー》
既存チャネルの弱い部分を突いて、新しい流通市場をつくる。
（e.g. 中古車流通のオークネット、生花流通の大田花卉）

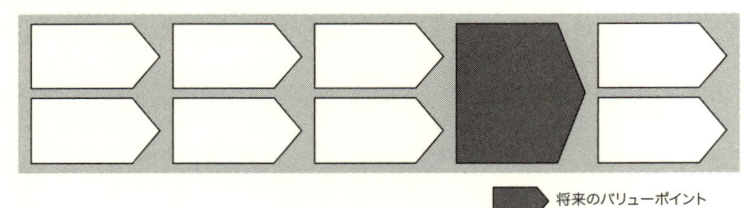

将来のバリューポイント

《⑤パーソナル・エージェント》
顧客の購買代理店として、情報ナビゲーターの役割を果たす。
（e.g. チャールズ・シュワブ、アマゾン）

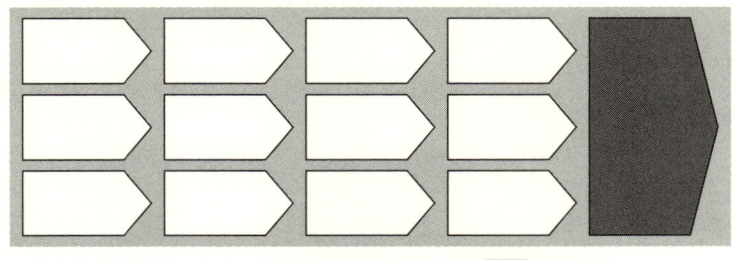

将来のバリューポイント

第1章 基本戦略

なる非常に重要な部分である。基本戦略をおろそかにしてしまっては、ヒト・モノ・カネといった経営リソースが拡散し、企業として散漫な活動になってしまう。また、集中と選択を上手に行ったとしても、実務業務への配分が間違っていれば、大失敗してしまうかもしれない。基本戦略は大変重要であり、作戦の要と言える。

基本戦略で検討しなければならない事項は、大まかに言って、次の手順のとおりである。

①基本戦略フレームの策定（方向性の決定）
②セグメンテーション（市場の決定）
③ターゲティング（市場の決定）
④ポジショニング
⑤マーケティングミックス（やり方）

「①基本戦略のフレーム策定」では、今までに行った現状分析結果をもとに、企業や部門の大まかな方向性を決定していく。次に「②セグメンテーション」「③ターゲティング」で自社が狙うべき市場を決定し、「④ポジショニング」で自社の立ち位置を決定する。そして、「⑤マーケティングミックス」では狙う市場に対して、どのようなやり方で自社商品を販売するかを決めるのである。

2 ポーターの４つの戦略

■基本戦略フレーム

　前述したとおり、中長期的な経営戦略を立案するためには、一般的に「ポーターの４つの戦略」を用いることが多い。
　ポーターの４つの戦略とは、以下の４つを言う。

①コストリーダーシップ戦略
②差別化戦略
③集中戦略（コスト集中戦略）
④集中戦略（差別化集中戦略）

　戦略を立てる際、上記の４つから１つを選ぶという手法である。
　この戦略立案のポイントは、戦略を検討する際に、

「対象とするターゲットの大きさ」
「競争優位のタイプ（自社がどこで他社に差をつけるか）」

の両輪で考えていることである。すると、大きく分けて３つの戦略しか存在しないのである。どの程度の大きさの市場をターゲットにして、他社に勝るポイントをどこに置くかを考えるための表（マトリクス）が「基本戦略フレーム」である（次ページの図参照）。

第1章　基本戦略

図表3-1　基本戦略フレーム

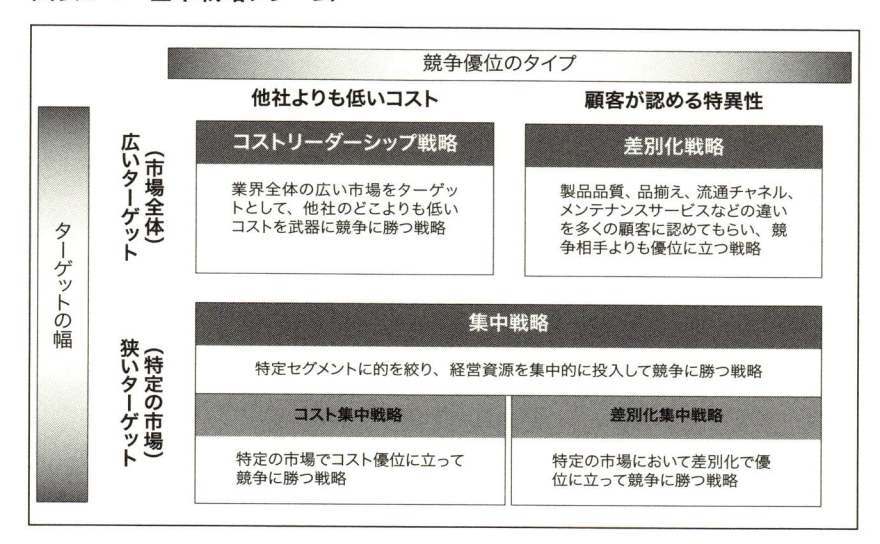

		競争優位のタイプ	
		他社よりも低いコスト	顧客が認める特異性
ターゲットの幅	広いターゲット（市場全体）	**コストリーダーシップ戦略** 業界全体の広い市場をターゲットとして、他社のどこよりも低いコストを武器に競争に勝つ戦略	**差別化戦略** 製品品質、品揃え、流通チャネル、メンテナンスサービスなどの違いを多くの顧客に認めてもらい、競争相手よりも優位に立つ戦略
	狭いターゲット（特定の市場）	**集中戦略** 特定セグメントに的を絞り、経営資源を集中的に投入して競争に勝つ戦略	
		コスト集中戦略 特定の市場でコスト優位に立って競争に勝つ戦略	**差別化集中戦略** 特定の市場において差別化で優位に立って競争に勝つ戦略

　この基本戦略フレームでは、それぞれ縦軸に「競争ターゲットの幅」、横軸に「競争優位のタイプ」をとり、現状分析で明らかになった自社のポジションを基に方向づけを行っていく。

　このようにして見ていくと、基本戦略は、広いターゲットに対して他社よりも低いコスト力を武器にする「コストリーダーシップ戦略」、広いターゲットに対してコスト競争力以外の競争力を武器にするのが「差別化戦略」、狭いターゲットに対して集中的に経営リソースを投下する「集中戦略」に大別される。

　なお、「集中戦略」は「コスト集中戦略」と「差別化集中戦略」に区分することができる。

■コストリーダーシップ戦略

　コストリーダーシップ戦略とは、最も大きく顧客ターゲットを選定し、「低コスト」という武器で他社と戦う戦略である。

この基本戦略フレームは一見、製造業のためのものと思われがちであるが、決してそうではない。低コストと言うと、生産における製品のコストを思い浮かべるが、流通業であっても低コストの実現は可能であるし、サービス業でも可能である。

　競争力のある低コストを実現するには、スケールメリットを活かすか、経験曲線を上昇させるかのいずれかである。あるいは両方を満足させることが一般的である。

　たとえば、製造業では同じ製品をつくればつくるだけ、スケールメリットが働く。そのため、原材料費の単価が下がるとともに生産ラインの習熟度が向上するので、製品1個あたりの生産コストは下がるし、流通業では仕入れが多くなるほど、仕入れ単価が下がることになる。電話などの設備産業的なサービス業でも、配分されるコストが薄まることにより、スケールメリットは生じる。労働集約型のサービス業であっても、習熟度が向上するので、経験曲線が上がり、コストは低減されていくのである。

　ここで注意したいのは、この戦略はあくまでも「コストリーダーシップ」ではなく、「価格リーダーシップ」だという点である。低価格にするか高価格にするかは別にして、スケールメリットもしくは経験曲線により、低コストを実現できる体制にあるかどうかが問題である。しかも、他社との競争力の有無を問うているわけである。他社よりも多く販売していなければ、"なし得ない"のである。

　その意味で、この戦略を採用できるのは業界でのトップ企業以外にあり得ない。

■差別化戦略

　差別化戦略とは、製品に独自性を見出し、業界内で独自の地位を得ようとする戦略である。

　他社にない製品作りを目指し、経営資源を投入し、業界の中で独自のポジションを獲得しようとする。広いターゲットに対し、コスト競争力以外の競争力を武器にする。

第1章　基本戦略

　差別化戦略では、ポーターの考えによると、「品質」「顧客」「技術」「サービス」「機能」などの差別化を図る。本戦略は、代替品に対しても、他の同業社より有利な立場に立てることになる。また、他企業から同様の製品を購入できないので、買い手の交渉力を弱める働きをする。
　このことより、差別化戦略は、ファイブフォース（業界内の競合他社との競争環境、買い手の交渉力、売り手の交渉力、新規参入業者の脅威、代替品の脅威）から身を守る効果があることがわかる。

■集中戦略

　差別化戦略とは異なり、より限定された市場に特化し、経営リソースを集中して投入する戦略が集中戦略の特徴である。集中戦略に成功すると、一般的に業界平均を上回る収益を得られる。
　集中戦略は「コスト集中戦略」と「差別化集中戦略」に区分される。

・コスト集中戦略
・差別化集中戦略

　マーケティング戦略を検討する際、リーダー、チャレンジャー、フォロワー、ニッチャー、リーダーは業界トップ、チャレンジャーは2位、フォロワーはそれ以外のメインプレーヤー、メインプレーヤー以外のプレーヤーはニッチャーという位置づけである。
　一般的には、リーダーはコストリーダーシップ戦略、チャレンジャーは差別化戦略、フォロワーおよびニッチャーはいずれかの集中戦略を採るべきである。

第2章

標的市場の選定

|1| セグメンテーション
|2| ターゲティング
|3| ポジショニング
|4| 船井流「具現化基本戦略フレーム」
|5| マーケティング・ミックス

1 セグメンテーション

■**セグメンテーションとは**

　セグメンテーションとは何だろう。
　不特定多数の人たちがいる市場を同じニーズを持つセグメントに分ける。これをセグメンテーションと言う。
　よくセグメンテーション／ターゲティング／ポジショニングという言葉は混同されることが多いが、この3つには明確に実施する順番があるし、また意味も違うので正確に理解したい。その流れとイメージについては、次ページ上の図を参照していただきたい。
　まずは、セグメンテーションで自社にとって強みが最も発揮できる魅力的な市場を提案し、次にターゲティングで自社にとって魅力的な市場を決定する。次に、ポジショニングで他社と比較して明確で特徴ある製品イメージを確立する。そして、最後に一般的には「マーケティングの4P」と言われるマーケティングミックスが決まる。
　セグメンテーションを行う際には、どのような軸（セグメンテーション変数）で分けるのかがポイントになる。その際、1軸だけでなく、2軸、3軸、という複数の軸を組み合わせて使うこともある。以前は、切り口が容易な地理的変数や行動変数がよく使われていたが、最近では消費者ニーズの多様化に合わせて、行動変数や心理的変数が重要視される傾向にある（次ページ下の図参照）。

第2章　標的市場の選定

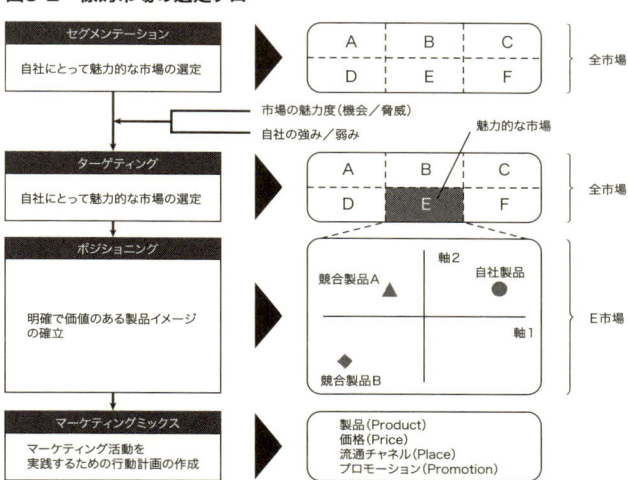

図3-2　標的市場の選定フロー

セグメンテーション		
自社にとって魅力的な市場の選定	▶	全市場 A/B/C/D/E/F

市場の魅力度(機会／脅威)
自社の強み／弱み

ターゲティング		
自社にとって魅力的な市場の選定	▶	魅力的な市場（E）

ポジショニング		
明確で価値のある製品イメージの確立	▶	E市場における競合製品A、自社製品、競合製品Bの位置づけ（軸1・軸2）

マーケティングミックス		
マーケティング活動を実践するための行動計画の作成	▶	製品(Product)／価格(Price)／流通チャネル(Place)／プロモーション(Promotion)

図表3-3　セグメンテーションを行う際の代表的な変数

消費財市場の変数		項目別トレンド(環境変化)
地理的変数	・地方、気候 ・人口密度	・関東、関西など、寒暖、季節など ・都市部、郊外、地方など
人口動態的変数	・年齢、性別 ・家族構成 ・所得 ・職業	・少年・ヤング・中高・高齢者など ・男・女、既婚・未婚など ・3000万以上など ・ブルーカラー・ホワイトカラーなど
心理的変数	・ライフスタイル ・パーソナリティ	・スポーツ好き、アウトドア志向など ・新しい物好き、保守的など
行動変数	・求めるフィット ・使用率	・経済性、機能性、プレステージなど ・ノンユーザー、ライトユーザーなど

第3部　基本戦略

■セグメンテーションの例

　具体的にセグメンテーションを行っている商品を挙げるとイメージがつくので、列挙する。

　地理的変数でわかりやすいのが、発売地ごとに味もイメージも変えて発売されている「ご当地ポッキー」や「ご当地キティちゃんキーホルダー」などがある。また、カップラーメンなど全国どこでも同じ味で販売しているような商品でも、関東は濃い味、関西は薄味など発売地に合った味の嗜好に合わせて変化させている。

　次に、人口動態的変数は雑誌が例としてわかりやすい。雑誌は少年誌やヤング誌、中年向け雑誌といった各年代、男性あるいは女性といった性別に合わせて商品ラインナップをつかんでいる。また、保険や住宅のような商品は提供する商品がこの人口動態的変数に大きく左右される。

　次に、心理的変数は、自動車メーカー各社がスポーツが好きな人へRV車を、キャンプが好きな人にはキャンピングカーを、ドライブが好きな人にはオープンカーや2シーターのスポーツカーをそろえているのがわかりやすい。

　最後に行動的変数では、朝専用の缶コーヒーや咽の痛み向けのカゼ薬、シンプル機能の携帯電話など○○専用の商品を見るとわかりやすい。このような市場はいくつもの切り口とその数によりさまざまな大きさ・形にセグメンテーションできる。

　また、市場セグメンテーションは、お客様の嗜好の変化によって速いスピードで変化する。セグメンテーションを間違えてしまうと、いくらターゲティングやポジショニングがうまく行ったとしても、マーケティングはまったく成果をあげない。そのため、セグメンテーションは、①マメにチェックする、②十分な検討を行うことが重要である。

　では、どのようにセグメンテーションを行なうのかというと、実際にセグメンテーションを行う際には、市場分析の魅力度から抽出される成長性のあ

第2章　標的市場の選定

る市場、顧客がどのような嗜好で商品・サービスを選択しているかという顧客特性、または自社の強み／弱みを認識することにより、セグメントをするための軸が決まっていく。

　顧客の嗜好で言えば、たとえば携帯電話は以前は「つながる」とか、「音がよい」という切り口が重視されたが、次に「デザイン」「メール機能」が重視され、今ではカメラ機能やセキュリティ機能などが重視されるようになっている。このような消費者の意識変化を見逃してしまうと、誤ったセグメンテーションを行ってしまうことになる。

　また、セグメンテーションを行う作業はある意味、自社の成長する上限を決めることにもなるし、さらに欲張って広く取りすぎると自社の強みが発揮できないほど強力なライバルとぶつかることにもなるため、戦略を立案する上でウェートが大きい。

第3部　基本戦略

2 ターゲティング

■ターゲティング

　セグメンテーションによって市場を切り分けることができたら、次は自社が対象とする市場を設定する。

　対象とする市場の選定は、市場規模、自社の強み、製品ライフサイクルの段階、参入障壁、競合の戦略、環境要因などの諸要因で決定する。

　市場の選定方法には、1つの商品と1つのマーケティングミックスで市場に参入する「非差別化マーケティング」、複数のセグメントにそれぞれ異なる製品、マーケティングミックスを行なう「差別化マーケティング」、特定のセグメントに特化して、そこに全経営資源を集中させる「集中化マーケティング」の3つのアプローチがある（次ページの図参照）とマーケティングの本では言われているが、今の時代ではよほど市場が狭く、競合が少ない業界である場合以外は、非差別化マーケティングをとることは考えられない。

　したがって、その業界で力が強くないときには、集中化マーケティングを行い、さらにその業界でのポジショニングを高めたいときには、集中化マーケティングの複合したものである差別化マーケティングを行うというのが一般的である。

　船井総研では「力相応一番主義」という言葉を使うが、自社が一番になれない範囲まで対象とする市場を広げることはしてはいけない。今持っている力に相応でよいので、自社が一番になれる市場、マーケティング手段をとっていただきたい。そのため、集中化から差別化にする際には、どうしても1

第2章　標的市場の選定

図3-4　マーケティングの3つの手法

名称	手法	特長
非差別化マーケティング	1つの製品と1つのマーケティングミックスにより、市場全体あるいは最大のセグメントを標的とする	集中をしているためマーケティングコストを抑えることができるが、集中していないセグメントからの売上が見込めない
差別化マーケティング	複数のセグメントにそれぞれ異なる製品、マーケティングミックスを用意する	売上高の最大化が図れるが、それとともにコストが増大する。また経営資源が分散化する
集中化マーケティング	経営のセグメントに特化して、そこに全経営資源を集中させる	経営資源の少ない企業が選択せざるをえない手法。セグメントの切り方が非常に重要になる。

つひとつのセグメントに対しての力が弱くなるので、その選択をしても既存のセグメントで負けることはないかを熟考する必要がある。

■ターゲティングの難しさ

　ターゲティングがうまくいっていた企業であっても、その戦略軸がブレている企業が多い。

　たとえば、西友のPB（プライベートブランド）からスタートした総合生活雑貨・商品のブランドである「無印良品」は創業時20～30代でナチュラルテイストの商品を求める顧客をターゲットとして発展してきた。しかし、創業して20年以上が経過した昨今、当時のメインターゲットとともに商品・ブランドが20才年をとってしまい、今の若者のずれ、メインターゲットの購買力の減少とともに業績を下げてしまった。つまり、「無印良品」は集中化マーケティングを現在の団塊の世代に対して行いつづけてきたのである。今後は同じ集中化マーケティングでも20～30代のナチュラルテイストが好きな顧客から愛される企業を目指そうとしており、デザイナーの変更なども行っている。つまり、再度創業当時への客層確保へと戦略展開を図っているのである。

3 ポジショニング

■ポジショニング

　マーケティングにおける「ポジショニング」とは、戦略主体のポジショニングを示す概念であり、企業・事業・製品といった3段階でのポジションを考える。
　ここでは、最も重要な企業のポジショニング（市場での自社の順位とシェア）と、一般的にマーケティングプラン策定の際によく利用する製品のポジショニング（市場での商品の位置づけ）について見ていく。
　企業のポジショニングは、市場におけるシェアの大きさと順位で決定する。シェアにおいては、競争上優位になる26%以上を目指すべきである。また順位においては、ナンバーワンであるリーダーが圧倒的に有利なため、リーダーを目指す。順位ごとの名称と目安となるシェア、その順位ごとにおける取り組むべき方向性は、次ページ上の図を参照されたい。

■製品ポジショニング

　自社製品を他社製品と差別化するために、「ポジショニングマップ」を作成し、自社製品の優位性を見出す。（次ページ下の図参照）
　ポジショニングマップ作成のためには、①自社独自のポジショニングを築く上で、有効な要因（軸）を決める、②決定したポジショニングを顧客に伝えるという2つのステップを踏む必要がある。

第2章　標的市場の選定

図3-5　企業のポジショニングと取り組む方向性

名称	シェア	方向性
リーダー	市場でNo.1 シェア26%以上	■市場規模が拡大することを考える ■全方位的型（フルライン）戦略 ■No.2以下が成功していることをすぐにキャッチアップする
チャレンジャー	市場でNo.2 シェア19〜11%	■リーダーとしての商品・価格・チャネルなど差別化を図る
フォロアー	市場でNo.3 シェア15〜11%	■経営資源を一定の分野に絞り込む ■リーダーやチャレンジャーとの商品・価格・チャネルなど差別化を図る
ニッチャー	市場でNo.3以下 シェア10%未満	■リーダー、チャレンジャー、フォロアーが狙われないような小さな特定製品市場に集中する

※シェアは目安

図表3-6　製品ポジショニングマップ（食品会社の例）

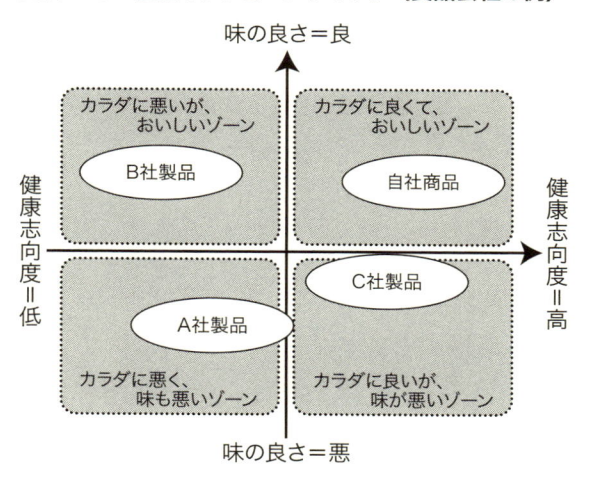

```
                    味の良さ＝良
                        ↑
    ┌─────────────┬─────────────┐
    │ カラダに悪いが、│ カラダに良くて、│
    │  おいしいゾーン │  おいしいゾーン │
    │   (B社製品)    │   (自社商品)   │
健康 │                │                │ 健康
志向 ├─────────────┼─────────────┤ 志向
度＝ │                │   (C社製品)    │ 度＝
低   │   (A社製品)    │                │ 高
    │ カラダに悪く、  │ カラダに良いが、│
    │  味も悪いゾーン │  味が悪いゾーン │
    └─────────────┴─────────────┘
                        ↓
                    味の良さ＝悪
```

第3部　基本戦略

①**自社独自のポジショニングを築く上うえで、有効な要因（軸）を決める**

　自社の強みが低コストなのか、それとも高いブランドイメージなのか、それらの軸の最適な組み合わせを選ぶ。

　自社が他社と差別化されるような、わかりやすい軸を選定する必要がある。たとえば雑誌であれば、「知的－娯楽的」「総合的－専門的」などである。

　ただ、実際に軸を決める際には、常に縦軸には価格をとるのがよい。価格は抽象度が低い指標であるために、根拠が明確で比較がしやすく、お客様から見てわかりやすいという指標だからである。

②**決定したポジショニングを伝える**

　製品ポジショニングがするということは、自社と他社との差別化されたポイントが明確になるということである。そのため、プロモーション戦略で顧客に対して訴求するポイント、訴求させる手法が決まっている。もし、自社で描いたような商品選択軸がない場合には、お客様にその選択権をつくる作業からスタートしなくてはならないし、その軸を顧客のマインドにセットしてからその差を顧客に伝えていく必要がある。

　参考例として、マンションデベロッパーB社のポジショニングマップを作成してみる。

　マンションデベロッパー業界は、いかに好立地の物件を調達できるかということが一番のKSFと言われる。しかしながら、一般的に好立地とされる土地は大手有力デベロッパーが豊富な資金力を背景に買収してしまうか、地場デベロッパーが持つ古くからのコネクションのため、中堅・新規参入組には好立地の物件を手に入れるのは困難である。

　マンションデベロッパーB社は、このような環境に打ち勝つために、地域を絞り込み、辺境地であってもその地域のニーズに合った物件を開発することで他社に打ち勝つという戦略を立案した。また、自社がリーシング能力を持つことで低い空室率を実現できることから、マンションオーナーからの資金調達も可能にしている。

第2章　標的市場の選定

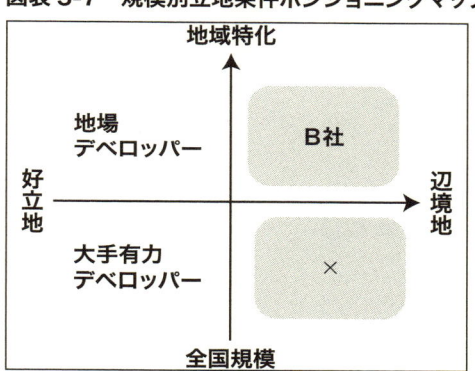

図表 3-7　規模別立地条件ポジショニングマップ（例）

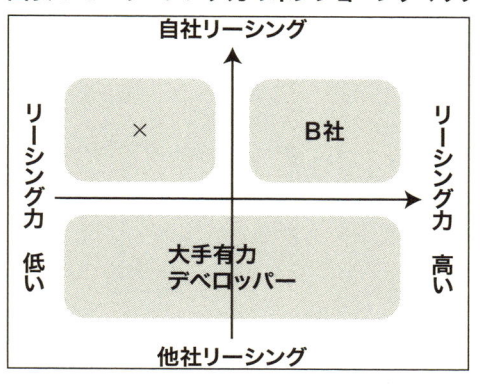

```
                    地域特化
                      ↑
            地場            ┌──────────┐
            デベロッパー     │   B社    │
                            └──────────┘
   好立地 ←──────────────────┼──────────────→ 辺境地
                            ┌──────────┐
            大手有力         │    ×     │
            デベロッパー     └──────────┘
                      ↓
                    全国規模
```

図表 3-8　リーシング力のポジショニングマップ（例）

```
                    自社リーシング
                         ↑
            ┌─────────┐   ┌─────────┐
            │    ×    │   │   B社   │
   リーシング力└─────────┘   └─────────┘ リーシング力
     低い  ←──────────────┼──────────────→ 高い
            ┌──────────────────────────┐
            │       大手有力           │
            │       デベロッパー       │
            └──────────────────────────┘
                         ↓
                    他社リーシング
```

第3部　基本戦略

4 船井流「具現化基本戦略フレーム」

■具体化戦略フレームとは

　これまで中長期的な経営戦略を立案する際には、ポーターの4つの戦略で考えるというのが一般的であるとしたが、船井総研ではこのポーターの図を展開し、具現化戦略フレームというものを使い、中長期戦略を立案している。

　このフレームは、縦軸に「ターゲットの幅」をとる。上段がターゲットの広い層であり、下段が狭い層である。横軸は「競争優位のタイプ」を表す。大きく「COST」か「差別化」に分別される。差別化は、さらに「製品戦略」と「販売」に分けられる。そして、縦軸は「ターゲットが広い」「ターゲットが狭い」となるので、この6パターンのうちどの方針にするかという話である。

　ポーターのフレームワークでは、競争優位のパターンとして、「コスト」か「差別化」しかないとしているが、前述したようにコストリーダーシップをとることができるのは、その業界では理論的には1社しかないはずなのである。

　ある商品群ではコストリーダーシップをとれるというようなことがあるとしても、やはりコストリーダーシップをとれる企業はあまりないはずである。とすると、それ以外の多くの企業はすべて「差別化」戦略をとるしかないということになる。

　では「差別化」というと、具体的にはどのような方法があるのだろうか。その方法は船井総研の知見では、製品戦略的なものに軸足を置くか、販売

第2章 標的市場の選定

図表3-9 具現化基本戦略フレーム

	COST	差別化 製品戦略	差別化 販売
ターゲット広い	コストリーダーシップ戦略 製品戦略： 　低コスト中品質 営業戦略： 　チャネル長→長 　チャネル幅→広 例）松下産業、マクドナルド	集中化戦略（製品戦略） 製品戦略： 　高コスト高品質 営業戦略： 　チャネル長→短～中 　チャネル幅→広 例）キャノンのインクジェットプリンタ	差別化戦略（販売戦略） 販売戦略： 　中コスト中品質 営業戦略： 　チャネル長→長 　チャネル幅→広 例）サントリー、楽天、セブン―イレブン
ターゲット狭い	集中コスト戦略 製品戦略： 　低コスト中品質 営業戦略： 　チャネル長→短 　チャネル幅→広 例）日本市場におけるデルコンピュータ	集中差別化戦略（製品戦略） 製品戦略： 　高コスト高品質 営業戦略： 　チャネル長→短 　チャネル幅→狭 例）ルイ・ヴィトン	集中差別化戦略（販売戦略） 製品戦略： 　中コスト中品質 営業戦略： 　チャネル長→短 　チャネル幅→狭 例）リージョナル型店舗

（営業）戦略的なものに軸足を置くかしかないとしている。そのため、現状分析を踏まえて自社はどのパターンで競争に打ち勝っていくかを6つのパターンから決定するのである。その決定結果から、「製品戦略」、「価格戦略」、「販売戦略」、「プロモーション戦略」のそれぞれの場合において、基本方針を考えなければならない。

　ターゲットが広い場合の差別化をみてみる。製品戦略は、「製品戦略」と「価格戦略」、販売戦略は、「販売戦略」と「プロモーション戦略」で構成されている。どちらが自社の長所を活かすことができるか、他者との差別化を図ることができるかを考える。これは、ターゲットが狭い場合も同様に考える。

■各項目についての説明

　では、1つひとつの項目について見てみる。
　左上の「『コストリーダーシップ戦略』をとりながら広いターゲットを対

象としている」のは一般的に中品質の製品を大量販売量を背景にマスメリットを活かして低価格で市場に投入することで競争に打ち勝っているというタイプである。このタイプの例としては、全国のナショナルショップや家電量販店などすべてのチャネルを使って製品を販売している松下電器産業、高いオペレーション力で全国に大量出店し、売上で日本一の飲食店チェーンである日本マクドナルドが挙げられる。

次に、左下の「狭いターゲットに対してコストリーダーシップ戦略で戦う『集中コスト戦略』をとっている」のは、日本市場におけるデルコンピュータが挙げられる。同社は顧客とのダイレクト販売を行うことで流通コストを下げ、その分を顧客に還元することで競争の激しいパソコン市場で打ち勝っている。

ポーターのフレームワークでは、右側で差別化戦略となっていた部分は、前述のとおり、製品の品質の高さで打ち勝っているというパターンと、販売力の高さで打ち勝っているパターンに分けることができる。

まず、「広いターゲットに高品質の製品を提供している」パターンには、キヤノンのインクジェットプリンターやアップルコンピュータのi－Podなどが挙げられる。両社とも他社よりも高い品質で値引きをしなくても売れる製品を幅広いチャネルで販売している。ただし、他社よりも高品質であることを店頭で消費者に対して伝える必要があるので、チャネルの長さは短いほうがよい。そのため、両社とも家電量販店に専用のブース、専用スタッフを配置するなどして、製品の優位性を伝えている。

次に、「狭いターゲットに高品質の製品を提供している」パターンには、ブラント企業が当てはまり、ルイ・ヴィトンのような企業が該当する。これらの企業はチャネルの幅を自社の直営店のみの展開にまで絞り込むことで販売量は見込めないが、製品のよさを自社の店舗・スタッフを使って伝えることを行っている。

次に「広いターゲットに対して、高い販売力で競争に打ち勝っている」パターンには、ビジネスモデルが優れており、顧客が集まってくる仕組みができあがっているインターネットモールの楽天や、高いプロモーション力と企画力で販売力のあるサントリー、徹底した店舗オペレーションの高さで数あ

第2章 標的市場の選定

るコンビニエンスストアの中でナンバー1の販売力を誇るセブンイレブンなどが挙げられる。

最後に、「中コスト・中品質と製品では他社との差別化を図れないが、狭いターゲットに高い販売力で打ち勝っている企業」である。具体例としては、地元に合った品揃えをすることで大型チェーン店に打ち勝っているリージョナル型（地元密着型）店舗などが挙げられる。

このように、戦略を立案するといっても、その手段は無数にあるのではなく、大きくは以上6つのフレームの中から1つを選択し、さらにそのやり方を工夫することで戦略の方針は決まる。

第3部　基本戦略

5 マーケティングミックス

■ **マーケティングミックス**

　マーケティングミックスとは、ターゲットになるセグメントに働きかけるための、具体的なマーケティング施策の総称である。
　具体的には、船井流具現化基本戦略フレームによって、製品戦略、価格戦略、チャネル戦略の方向性が決まってきて、市場のセグメンテーション→ターゲティング→ポジショニングをすることで、販売戦略の方向性が決まってくる。この項では、4Pにおいて具体的にどのような考え方があるかをまとめる。4P（Product＝製品、Price＝価格 Place＝チャネル Promotion＝販促）の視点を使ってチェックしていく。

①製品政策

　製品が市場に導入されてから、安定期に入るまでの一連の流れの中で、それぞれの階段においてとるべきマーケティング戦略は異なる。
　プロダクトサイクルにおける4つの期間をまとめると、導入期・成長期・成熟期・安定期の4つに分類される。
　導入期とは、製品を市場に投入したばかりの段階で、まだ製品が市場で十分に認知されていない状態である。そのため、競合も少なく、収益性は非常に高い。この段階で重要なのは、いかに製品の認知を図っていくかということである。
　製品の認知が進み、市場が大きくなってくると、成長期に入る。成長期は

第2章 標的市場の選定

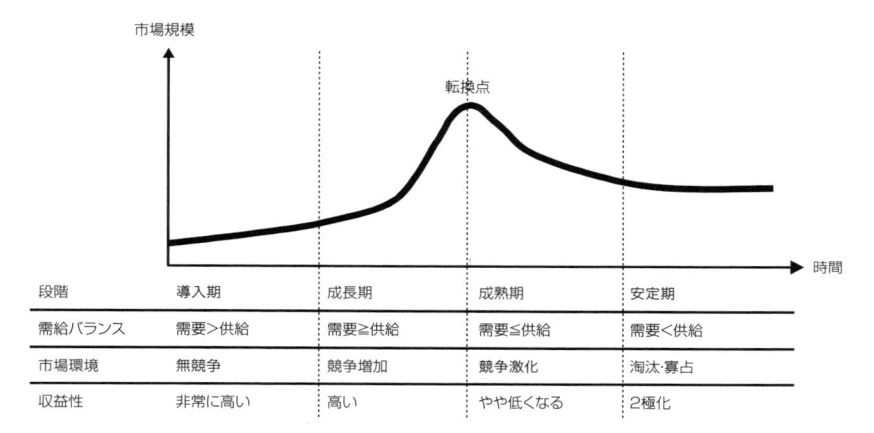

図表 3-10　プロダクトライフサイクル図

段階	導入期	成長期	成熟期	安定期
需給バランス	需要＞供給	需要≧供給	需要≦供給	需要＜供給
市場環境	無競争	競争増加	競争激化	淘汰・寡占
収益性	非常に高い	高い	やや低くなる	2極化

市場が拡大してくるため、競合の参入が増えてくる。したがって、シェアを確保するために収益性が少し低くなる。この段階では、市場の成長性に負けない成長を自社が上手にできるかにかかってくる。

　市場の伸びがマイナスになってくると、成熟期を迎える。市場が狭くなる中で競合との激しい競争になるため、収益性が一気に悪くなる。この段階では、いかに他との差別化ができるかが重要である。

　さらに市場がマイナスになると、安定期と呼ばれる段階に入る。この段階では、各製品での企業ごとの優劣が明確になり、収益性は二極化する。

　最近では、技術革新の加速や顧客ニーズの多様化から、ライフサイクルの周期が短くなり、必ずしもきれいなS字カーブを描かなくなっているケースが多い。

②価格政策

　いうまでもなく、企業によって創出される製品・サービスの価値は、コストと顧客への便益の差となっている。

　確実な利益を手に入れるためにも、価格設定は非常に重要であり、主に「コスト志向」と「需要志向」の2つの設定方法がある（次ページ上の図参

図表3-11　価格設定の方法

コスト志向の価格設定	1) マークアップ価格設定 　流通業者が、仕入れ原価に値入額を上乗せし、売価を設定する 2) 目標価格設定 　想定される事業規模をもとに、一定の利益が確保できるように価格設定を行う
需要志向の価格設定	1) 知覚価値価格設定 　マーケティングリサーチなどによって「売れる価格帯」を発見し、原価をそれ以下に抑えようという手法 2) 需要価値価格設定 　市場セグメントごとに価格を変化させる方法で、顧客層（学割や子供料金など）時間帯（土日料金や深夜料金など）場所（グリーン席や立見席など）といったセグメントごとに異なった価格を提示する

出典）グロービス・マネジメント・インスティテュート編『MBAマネジメントブック』ダイヤモンド社）

図表3-12　新製品を導入する際の価格設定方法

名称	手法	フィットする製品価格	条件
上澄吸収価格政策＝スキミング価格	導入当初の価格を高く設定し、次第に価格を引き下げながら需要の上澄みを獲得していく戦略	高価格	・少量生産の対象となる製品 ・参入障壁の高い製品
市場浸透価格政策＝ペネトレーション価格	スキミング・プライシングとは逆に、低価格で市場導入し、販売数量の増大をできるだけ短期間で図り、市場そのものの確立を狙う戦略	低〜中価格	・大量生産の対象となる製品 ・幅広い需要がある製品

照)

　コスト志向での価格設定の方法には、仕入れ業者が利益を乗せて売価を設定する「マークアップ価格設定」と、想定される事業規模をシミュレーションし、一定の利益が出るようにする「目標価格設定」の2つがある。

　一方、需要志向の価格設定方法は、マーケットリサーチなどで売れる価格帯を見つけ、原価を引き下げようとする「知覚価値価格設定」と、市場セグメントごとに価格を変化させる「需要価値価格設定」がある。

　1980年代後半までは、マーケティングはプロダクト志向・セリング志向が強かったために、コスト志向での価格設定が多様されていた。しかし、以降は、マーケットイン発想(市場のニーズをもとにして考える)の需要志向の価格設定が多く使われるようになってきた。近年、家電などでオープン価格が取り入れられるようになったのは、まさにこのマーケットイン発想が進んだからである。

　また、新製品を導入する際の価格設定方法も2つある。「上層吸収価格政策」と「市場浸透価格政策」である(前ページ下の図参照)。

　前者は、早期に開発コスト回収を目的として、導入時に商品の価格を設定し、後発の企業が参入する頃には開発コストがない状態で戦える。そのため、自社に営業力(後発が参入しても負けないだけの営業力)があり、後発企業の参入までに時間がかかる場合には有効な方法である。

　一方で、後発の市場浸透価格政策は、低価格で参入することで市場シェアを一気に取り切るというやり方である。これらは食品・電化製品など多くの需要を見込め、かつ競合がマネをしやすいものの場合に選択する。

③チャネル政策

　メーカーで精算された製品は、様々な流通経路を経て、最終的には消費者の手に届けられる。チャネルとは、製品やサービスがメーカーから最終消費者に流れるまでのその流通経路を指す。

　流通には以下の3つがある。

・商的流通：取引の流れ

・物的流通：ものが移動する流れ
・情報流通：情報が移動する流れ

　この中で、モノの売り買いが発生する商的流通やモノの移動が発生する物的流通はカネやモノの流れが発生するため重視されやすいが、今お客様がモノを買うときに重視している情報に関しては、軽視されやすい。戦略を立案する際には、十分にこの情報流通も検討したい。
　また、チャネルを見るときは、「チャネル段階の長さ」と「チャネルの幅」が非常に重要な要素となる（下図参照）。

図表3-13　チャネルの長さについて

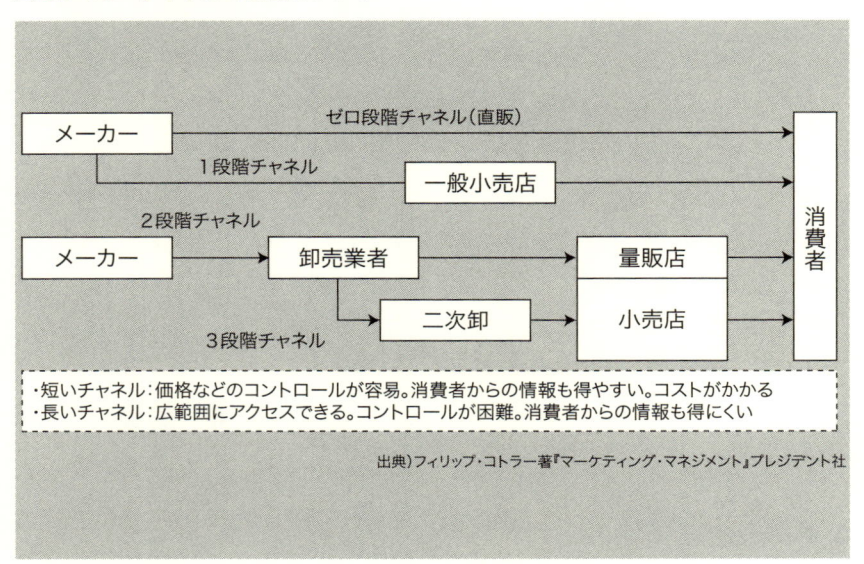

```
メーカー ──────ゼロ段階チャネル（直販）──────→ 消
         ─1段階チャネル─→ 一般小売店 ─────→ 費
                                              者
メーカー ─2段階チャネル─→ 卸売業者 ─→ 量販店 →
                              ↓                消
                           二次卸 ─→ 小売店 →  費
         ─3段階チャネル──────────────→      者
```

・短いチャネル：価格などのコントロールが容易。消費者からの情報も得やすい。コストがかかる
・長いチャネル：広範囲にアクセスできる。コントロールが困難。消費者からの情報も得にくい

出典）フィリップ・コトラー著『マーケティング・マネジメント』プレジデント社

④プロモーション戦略

　既存および潜在顧客に対して、製品・サービスの価値伝達の役割を果たすものが「プロモーション戦略」である。
　次ページ下の図のように、広告・販売促進・人的販売・パブリシティなど

第2章　標的市場の選定

の手法がある。どの手法を用いるかは、ターゲットや製品の特性や予算を考慮して、広告・販売促進・人的販売・パブリシティの中から選択する。

最近では、店頭や新聞だけでなく、雑誌でもフリーペーパーがあったり、広告でもメール広告やバナー広告、ラッピング広告などがある。また、インターネットや携帯電話で情報をとることも当たり前になったことにより、ホームページとのリンクや携帯電話を使った販促手法などプロモーション関連の手段は多様になっている。

興味を持った顧客をいかに自社まで誘導するかを十分に検討していくことが重要である。

図表3-14　プロモーション戦略の具体的手法

チャネル	特徴	機能	目的	方法
広告	・特定の広告主が費用を分担して伝えられる一方的コミュニケーション ・マス市場への適応に効率的	・情報提供 ・製品への好感創造 ・販売に対する刺激	・認知 ・知識	テレビ、ラジオ、新聞、雑誌、交通広告、屋外ディスプレー
販売促進	・特定関心の内容に関する一方的コミュニケーション ・短期的なインセンティブを与えるために行う	・広告と人的販売の中間的特徴を持つ	・認知 ・知識 ・製品使用法の指導	テレビ、ラジオ、新聞、雑誌、交通広告、屋外ディスプレー
人的販売	・個々の消費者に直接対応し、対話や製品使用方法の指導等を通じた質の高い双方向コミュニケーション（自社製品、競合、他社製品、顧客の要望などの重要な情報源ともなる）	・見込み客への特定 ・情報提供 ・販売締結	・製品使用法の指導 ・見込客への説得 ・販売締結	
パブリシティ (ニュース／編集記事)	・対象物に関して商業的に意味のあるニュースを公の媒体に掲げさせる一方的コミュニケーション ・広告主が費用負担しないで公の場で好ましいプレゼンテーションができる機会を獲得する	・新製品ニュース ・製品の評価	・認知 ・知識 ・態度変容 ・意思決定の援助	ニュース、編集記事

第3部　基本戦略

FUNAI CONSULTING
Immediate Performance
Improvement Series

第4部

実行戦略の立案

第1章

戦略目標を具現化するための業務の洗い出し

- **1** 業務を徹底して調査する
- **2** KSFは何かを発見する

1 業務を徹底して調査する

■実行戦略とは？

「実行戦略」とは、第3部で策定された基本戦略を日常の業務に落とし込んでいくためのシナリオや潤滑油のようなものである。実際に1人ひとりの業務に落とし込んでいく。戦略を絵に描いた餅に終わらせないようにするために不可欠なものといっても過言ではない。

経営者の中で、「競合企業に比べて、商品力や競争力で劣っているとは思えないのに、なぜわが社の業績だけよくならないのだろう」と悩まれる方がいる。このようなケースは往々にして、「戦略は正しいが、戦略を推進する力が弱い」という状態が多い。

戦略目標というゴールに正しく誘う推進力を与えるためには、定石とも言えるシナリオが必要である。このシナリオのことを「実行戦略」という。

■実行戦略のポイント

進むべき方向や目標についてはここまでで明らかになってきた。しかし、これだけでは、経営戦略は実行されない。一般的に戦略が実行されないのは、その列挙した実施すべき項目のうち、「日常の業務への落とし込みがされていない」という場合が実はほとんどなのである。

多くの企業が現場において直面している問題は、「現状のままではだめだ。何か手を打たなければならない。しかし、何からどう手をつければよいのか

第1章 戦略目標を具現化するための業務の洗い出し

がわからない」ということなのである。このような悩みを抱えている経営者は多いのではないだろうか。

このように戦略を確実に日常業務に落とし込んでいく作業を「実行戦略」と呼ぶ。具体的には、業務上のプロセス管理のしくみをつくりあげることと、戦略の実現に向かってそれを解決できる人や組織を作り上げることになる。

■目標と現実のギャップを把握する

戦略が明らかになったところで、まずしなければならないことは、目標と現状の差を知ること、見えるようにすることである。

これは売上予算と実績の差を考えるとわかりやすい。多くの場合、現状の延長線上では売上予算を達成させることはできない。だからこそ、戦略の重要性が叫ばれて久しいわけである。

今まで通用した販売方法だけでは生き残っていくことはできなくなりつつある。予算を達成させるには、現状のままで見込むことのできる売上と、要請される売上予算の差を定量的に把握するところからスタートする。

一見当たり前に見えるこの作業は、実はとても大切である。この差をきちんと把握することによって、今のやり方の延長線では予算を達成できないということを自覚するためである。

この「予算と実績のギャップを確認する、見えるようにする」という作業は、プライベートでは誰もが普通に行っていることである。たとえば、家・自動車といった大きな買い物をしたときのことを思い出していただきたい。欲しい家や自動車が決まった際は、

① 「その家や自動車はいくらするのか」
↓
② 「銀行預金などの手持ちのお金がいくらあるか」
↓
③ 「その差はどのくらいなのか」
↓

④「その差をどうやって埋めて支払っていくか」

という順序で考えるはずである。
　これは企業活動でもまったく同じである。自社の経営資源を上手に運用しながら、予算と「見えている」予算実績の差を埋めていかなければならない。それを埋めていくためにこそ、実行戦略の存在意義がある。
　戦略を実現していくために部門の力を最大化することが、実行戦略の中身になる。次項から実行戦略のポイントを探ることにする。

■プロセス管理のしくみ

　まず、業務上のプロセス管理のしくみをつくりあげることについて説明する。
「"20代男性、東京23区居住者"という市場セグメントでシェアを3％獲得する」と戦略が策定されたと仮定する。しかし、そのような戦略が策定されたところで、それぞれの社員がすぐにその目標を自分自身の営業活動に反映させることはできない。
　シェアを向上するためには数多くの手段があり、それぞれの手段に今はやらないか、またはやれないいくつかの理由がある。そのような中で、「シェア3％」と言われても現場は混乱する。現場にとってこのような課題設定は漠然としすぎて、適切ではない。
　結局、現場は惰性的に以前と同じやり方にいそしみ、戦略に沿った新たな試みは行われないまま、前期と同じような実績で今期が終了してしまうのである。これを毎年続けていれば、現場としても、

「今年も新しい戦略が発表されたけど自分たちには関係ない。いつもと同じように仕事をしよう」

と思うようになり、モラルの低下すら起こってしまう。または戦略が比較的好意的に解釈されたとしても、現場では吟味されることなく、せいぜい思い

第1章 戦略目標を具現化するための業務の洗い出し

ついたアイデアをそのまま実行し、前倒れで終了してしまうに違いない。

このような問題は部門長が指示している目標や戦略があまりに大きすぎて曖昧であるがために起こってしまう問題である。このため、現場の社員は具体的な指針を持って動くことができない現状に陥っているのである。

これを解決するためには、社員が理解し、行動できる業務レベルにまで指針をブレークダウンしていく必要がある。つまり、工場における生産ラインでの組み立てなどの業務では緻密に検討されている業務フローを業務領域でも作成するのである。

もちろん、実行戦略は生産ラインとは異なり、機械ではなく"ヒト"を相手にする。そのため、計画したすべてがマニュアル通りに運ぶような性格のものではないかもしれない。そのため、スタッフ全員の業務を完璧に平準化させることは困難である。しかし、完璧に平準化させることは無理であっても、成功に導くフローが組織内で共有され、そのフローに従った手順で仕事を行うことで業務効率を向上させようとすることが大切である。

たとえば、営業という行為は人的なスキルに頼る部分が大きく、営業トークやツールの使い方など、受注にいたる業務フローがブラックボックス化してしまいやすい。しかし、今後は業務における受注にいたる業務フローを大まかであっても平準化させ、それに沿った形で活動や管理を行うべきである。

これでは戦略が実行されないばかりか、「できない人」はいつまで経っても「できない人」のままとなってしまい、部門の業績は上がらない。さらに言えば、実行のできる、できないを十分に検討せずに抽象的な目標を掲げるのは部門長の怠慢であるばかりでなく、課題解決にかかわる役割と責任所在を組織全体で曖昧にしてしまっているとすら言えるのである。

では、具体的な活動単位まで指示を落とし込み、またプロセスを管理できるようにするには、どうすればよいだろうか。その方法は求められる結果を導くための活動を因数分解していくことである。

2 KSFは何かを発見する

■ 成功要因を表すKSF

　戦略を成功させるための要因を成功要因（KSF=Key Success Factor）という。
　ここでは、ある住宅販売会社の営業部門を考えてみる。ここで目標となる成果は住宅の販売数の増加である。先に述べたように、「住宅販売数を年間20％伸ばす」というだけでは、現場は動かない。そのため、住宅販売という活動をさらに小さな活動ごとに因数分解する。ここではバリューチェーンを使って因数分解をしてみる。
　次ページの図を参考にすると、バリューチェーンは営業部門で考えたとき、顧客に対して自社の商品を市場に知らしめる、すなわち浸透させるところから出発している。次に、将来的に購入する顧客、購入しない顧客、潜在客を発掘していく。そして、その潜在客に対して営業マンがフォロー営業をかけることで「見込み客」へと顕在化させる。続いて、顕在化させた顧客に対して個別案件ごとにアプローチして成約する。最後に、成約した顧客に対してアフターフォローを行なう。
　この一連の流れがバリューチェーンである。このように活動をバリューチェーンで因数分解できる。

「市場に浸透することを行なう業務」
「潜在市場を発掘する業務」

第1章　戦略目標を具現化するための業務の洗い出し

図表4-1　バリューチェーンとKSF

バリューチェーン	市場への浸透	潜在市場の発掘	潜在顧客の顕在化	顧客へのアプローチ～成約	アフターフォロー
各業務ごとのKFS	認知度向上	潜在市場の明確化（ターゲット層の明確化）	潜在顧客の顕在確度の向上	成約後、成約単価の向上	顧客満足度向上による・自社のロイヤリティの向上・リピートオーダー率向上
担当部署	営業部宣伝課／宣伝部	営業部販促課／販促部	営業部営業課／営業部	お客様相談課

「潜在顧客を顕在化させる業務」
「顧客へのアプローチ～成約する業務」
「アフターフォローする業務」

　1つひとつの業務が、バリューチェーンの各要素とほぼ等しくなっており、業務を組織（部署・部門）に落とし込める。このように活動を細かく区切り、各活動のやるべきことが明確になる。やるべきことが明確になると、やるべきこととやり切るための成功要因（KSF）が決まってくる。
　KSFが、「市場への浸透」という意味であれば、露出を高めることによって商品の認知度を向上させることが要素となる。
　次に、「潜在市場の発掘」では、潜在市場の明確化を行なうことである。どこがターゲットになるのか検証し、明確化させる必要がある。次の「潜在顧客の顕在化」では、未知数の潜在顧客をどうやって顕在化させていくかがポイントである。分母を潜在顧客として、分子を顕在顧客とするとどれだけ分母を大きくするかという話である。次の「顧客へのアプローチ～成約」で

は、成約数や成約単価を上げることが成功要因になる。

　最後の「アフターフォロー」では、自社のロイヤリティを向上させたり、リピートオーダー率を向上させることにより、顧客満足度を上げる。このように活動をバリューチェーンで因数分解することで、やるべきこと／提案部署／成功要因が明確になってくる。

　その成功要因をそのまま組織にすると、「市場への浸透」と「潜在市場の発掘」の組織は、「営業部宣伝課／宣伝部」となり、営業部以外であれば「宣伝部」の担当となる。「潜在市場の発掘」では、広く知らしめたものに対して展示会を開催したり、ダイレクトメールを出したりするのは、「営業部販促課」や「販促部」であろう。「顧客への成約数・成約単価の向上」であれば、「営業部営業課」や独立している「営業部」であり、「アフターフォロー」では、「お客様推進部」や「お客様相談課」というセクションと考えられる。

■ KGI と KPI の関係

　しかし、このままではまだ活動を定量的に見えるようにできていないため、管理するまでには達していない。そこで大切なのが各担当部署の KGI である。そこで、先ほどの図にあったバリューチェーンをもとに住宅販売数という成果を数式で因数分解してみる。

$$住宅販売数 = リスト入手数 \times \frac{初回訪問数}{リスト入手数} \times \frac{ニーズヒアリング数}{初回訪問数} \times \frac{提案書提出数}{ニーズヒアリング数} \times \frac{見積書提出数}{提案書提出数} \times \frac{成約数}{見積書提出数}$$

住宅販売数＝リスト入手数×初回訪問率×ニーズヒアリング率×提案書提出率×見積書提出率×成約率

　上の式の左辺の「住宅販売数」が最終的なゴールを意味する KGI（Key Goal Indicator）である。右辺の「リスト入手数」から「成約率」まで

第1章 戦略目標を具現化するための業務の洗い出し

の項目をゴールに向かうマイルストーンとしてのKPI（Key Process Indicator）と呼ぶ。

なお、KGIとKPIの関係は1つの式で完結するものでなく、KPIをさらに細分化していくと、そのKPI自身がKGI化する（下図を参考）。営業部門の仕事であったのが、各課や担当にさらに細かく業務が分かれていくのである。

$$
\begin{aligned}
KGI &= \underline{KPI} \times KPI \times KPI \times \cdots\cdots \\
&\quad\downarrow \\
KGI &= \underline{KPI} \times KPI \times KPI \times \cdots\cdots \\
&\qquad\quad\downarrow \\
KGI &= KPI \times KPI \times KPI \times \cdots\cdots
\end{aligned}
$$

営業部での「住宅販売数」で考えたときに、営業部の中で同じ商品・サービスをかついでいる人、同じような属性のターゲットの人たちをまとめることによって、営業のプロセスというものができる。

たとえば、販促部からリストが入ったとする。その全リストに対して、どれだけ訪問ができるのか。訪問できた中から訪問だけでなくて、ニーズを聞くことができたのか、提案書をどれだけ取得できたか、見積もりをどれだけ出すことができたか、どれだけ成約することができたかを考える。この割合を「初回訪問率」、「ニーズヒアリング率」、「提案書提出率」、「見積提出率」、「成約率」とそれぞれの割合が算定される。この式は通分され、成約数だけが残る。

成約数の達成というのが、各部・各課での目標、すなわちKGIとなる。そして、右辺の「リスト入手数」や「初回訪問率」の1つひとつがKPIとなる。こうすることで、部署ごとにKGIとKPIが決定する。

ここまで考え込むことで初めて住宅販売数を年間20％上げるという戦略が具体的な活動レベルに落とし込まれる。

■営業管理（期首〜末）

①期首〜末

　KPIまで決まってくると、実際に各KPI（成約率、初回訪問率）を上げるための目標と施策が明確になってくる。

　成約数、初回訪問率、ニーズヒアリング率、提案書提出率などをどれだけ上げるかというのは、期が始まった段階で各担当者とその上長がコミットしておく必要がある。たとえば営業マンであれば成約数だけでなく、成約数を達成するために初回訪問率、ニーズヒアリング率をいくらにするかをコミットする必要がある。この達成具合を評価にも連動させるのである。

■営業会議での行動プロセス管理（月次・週次）

　各担当レベルまで目標が落とし込まれた後は、日次・月次での活動を管理していく。ここで重要なことはすでに決めた目標を意識して進捗管理することと、そのアクションをさらに細かくリスト化・スケジュール化することである。ここがさらに重要である。

　たとえば、スキルの低い人は、初回訪問率を上げようと言っても、訪問率を具体的活動として、どうやって上げるかがわからない。ではどうすればよいかというと、社内で最も営業スキルの高い人を探し、その人の活動を分析することで高いスキルを見えるようにし、スキルの低い人へ移植するのである。こうすることで、初回訪問率を上げるためにどんなアクションが必要か設定できる。

　たとえば、「リスト先の基本データをとっておく」とか「相手の役職で営業トークの話し方を変える」などである。やるべきアクションを具体的にリスト化しておくといったことである。

　ここまで活動をかみくだくことで、そのリストの項目にしたがって行動しているかを営業会議でチェックできるのである。このように活動の項目をリストアップしていないと、行動が曖昧になる。往々にして営業会議では、

第 1 章　戦略目標を具現化するための業務の洗い出し

「あの会社に行ったけど会えなかった」とか、「アポをとって行ったけど不在で会えなかった」といった内容になってしまいがちであるが、こうしたリストがあると、何をするべきであったか、どのポイントを改善するべきかがわかりやすくなる。

　営業マンはやったことについては日報や月報について書くけれども、やっていないことは書かない傾向にある。ところが、アクションをすべき項目がリスト化されていると、それについて行動したのか、しなかったかが把握できる。営業会議でこの行動プロセス管理を行なうことによって、行動の平準化が可能となってくるのである。

第4部　実行戦略

第2章

業務フローの決定

| 1 | KGI、KPIの設定
| 2 | プロセス管理

1 KGI、KPIの設定

■目標にいたるプロセス管理の実行

　戦略が策定されれば、必然的にターゲットと４Ｐが決まってくる。営業部門としては営業戦略と最も関係の深い販売戦略が明確になり、多くの業種・業界で最重要項目である、流通チャネルにおける「チャネルの長さ」「チャネルの幅」、さらに「各チャネルに対しての動機づけ施策」がそれぞれ明らかになってくる。

　そのため、戦略を立案する際に各チャネルの「長さ」「幅」「動機づけ施策」にとって最適な業務構築と組織づくりを行う必要があるが、これは後に譲る。この業務構築と組織づくりを行った後、自社のそれぞれの部署において効果的なプロセス管理を行う必要がある。

　経営のミッションは、自社の商品を販売することにより収益を上げることである。このように目的は１つであっても、１つの案件を形成させるまでのプロセスは、同一企業であっても、部署や販売する商品群によっていくつかのパターンに分かれるのが常である。１つの部門の下にいくつかのセクションがあると仮定すると、それぞれのセクションにおける活動の方法には違いがある場合が多いと思える。

　したがって、売上や粗利、あるいは成約数といった結果の指標だけで管理していても、業績向上に役立つプロセス管理にはならない。このようなプロセスごとの取り決めがなければ、「売上が目標よりも低い実績になっているから、何とかして売り上げをあげろ！」というような「指示にならない指

第2章　業務フローの決定

示」に陥りがちである。

　そこで、部署単位で共有化されたプロセス管理が必要となってくるのである。管理の大切なポイントは先ほど述べた「結果に関する項目（結果系）」と「プロセスに関する項目（プロセス系）」に分類することである。活動の目的は販売の成果を出すという《結果》にあるが、その《結果》に到達するためにはその結果を出すための原因《プロセス》があり、プロセスを管理しなくては戦略は現場で動かないのである。

■「結果系」「プロセス系」の具体例

　この本では、住宅販売会社を事例にして述べてきたが、もちろん企業によって、「結果系」と「プロセス系」で設定すべき指標は異なってくる。実際に指標を検討する際には、業界や企業の特性を考慮して設定する。たとえば、「結果系」の指標を考えてみても、売上高、粗利益、受注総額、成約数、成約単価など様々なものが想起される。

　ここで、イメージを喚起するために、アクリル短繊維の業界を例にとって考えてみる。

　この会社の部門は、大きく既存ユーザーのリースアップに伴うリプレース商談からの受注と、新規ユーザーの獲得による受注の合計により、販売実績が決まっていた。そして、この会社では基幹系の情報システム構築が主要商品であり、また様々な企業からのオーダーメイドとなるため、一案件あたりの受注金額はまちまちとなっている。このような場合の「結果系」と「プロセス系」の管理指標はどのように考えればいいのであろうか。

　まず「結果系」であるが、この例に限らず、一般的に「結果系」の指標は「成約数」で考えると便利である。「成約数」を押さえていれば、それに「平均成約単価」を乗じれば売上高になるし、売上高に粗利率を乗じれば粗利益にすることができる。

　確かに500万円で済んでしまうシステムもあれば、5億円もかかるシステムもあるため、成約単価を無視して成約数だけで管理することに危険を感じてしまう方もいるかもしれない。しかし、この会社ではおおよそシステ

第4部　実行戦略

ムの納入単価は毎年2500万円程度で収束する傾向にあった。したがって、特に商品群で細分化することなく、「成約数」というひとくくりの指標で考えることができたのである。

　しかし、場合によっては商品の価格レンジごとに指標を区分して、セグメントされた商品群ごとに営業管理してもいいかもしれない。KGI、KPIを設定する目的の1つは精緻な指標を作成することではなく、社員の行動指針を作ることにあるからである。したがって、指標はできるだけシンプルにして、「管理のための管理」、「分析のための分析」に陥らないようにすることが肝要である。

　次に「プロセス系」指標であるが、このシステム・インテグレータでは、この指標を2つに分けて管理する必要があった。リプレース案件と新規案件である。この2つは成約するまでのプロセスがまったく異なっていたからである。まずリプレース案件であるが、業務を大別すると

「リースアップユーザーのリストアップ→プレ商談訪問→既存システム掌握→新システム仕様検討→仕様提案→見積もり提出→成約」

という流れであった。一方、新規商談は、

「見込み客リストアップのための「種まき活動」の実践（展示会、セミナー、販売チャネルやユーザーからの紹介等）→見込み客のリストアップ→ニーズ確認→ソリューションのイメージ固め→顧客とのイメージ合わせ→仕様検討→仕様提案→見積もり提出→成約」

というフローになる。
　「結果系」指標を成約数としたので、「プロセス系」指標も金額ベースではなく、案件ベースにする必要がある。

第2章　業務フローの決定

■成約数を高めるコツ

　この指標をどのように活用するかという問題であるが、それはとても簡単である。すべてのプロセスを分数にして、すべての項目を乗じるのである。リプレース案件を例にとってみると、次のようになる。

「成約数＝リスト数×（プレ商談数／リスト数）×（既存システム仕様掌握数／プレ商談数）×（仕様検討数／既存システム仕様掌握数）×（仕様提案数／仕様検討数）×（見積もり提案数／仕様提案数）×（成約数×見積もり提案数）」

　このように式でつないでいくと、右辺はすべて通分されて「成約数」が残るという仕組みである。結果としての「成約数」を高めるためには、入り口部分の「リスト数」を増やすか、それぞれの分数の確率を高める以外に手段はないという取り組みの方向性が決定される。

第4部　実行戦略

2 プロセス管理

■**プロセス管理の効能**

　このようなプロセス管理を実施する理由は大きく２つの側面からの効能がある。
　１つは成約にいたるプロセスが共有されることである。プロセスが見えれば、何を改善していくべきかは明確になるし、優れた業績をあげている理由がブラックボックス化されない。それだけにこのプロセスづくりは検討を重ねなければならない。
　また、戦略立案をする段階で十分に部門内で共鳴、実践されなければ、これらのプロセスは形骸化の恐れがある。「こんなプロセスを踏んでも成約数は増加しない」と現場に思われては意味がない。そのため、プロセスづくりからは現場のメンバーを巻き込んで納得性の高いものをつくりあげたい。
　こういったプロセス分析が多くのメンバーにとって納得性が高いものであれば、非常に有益な武器となる。なぜなら、個人のスキルについて明確な物差しができ、個々のメンバーの得手・不得手を把握することができるばかりでなく、課題設定にも役立てることができるからである。また、業務経験の浅いメンバーの思考もそれに慣れるようになり、社員が戦力化するまでの時間は短くて済むことになる。
　そして、２つ目の効能はそれぞれの分数の確率を高める方策を考え実践することが、すなわち成約数を高めることになる。先のリプレース商談の式は

第2章 業務フローの決定

「成約数＝リスト数×（プレ商談数／リスト数）×（既存システム仕様掌握数／プレ商談数）×（仕様検討数／既存システム仕様掌握数）×（仕様提案数／仕様検討数）×（仕様検討数／見積り提案数）×（成約数／見積もり提案数）」

というもので、この右辺のそれぞれの分数に任意の名称をつけるとすれば、たとえばこのようになる。

「成約数＝リスト数×プレ商談率×既存システム仕様掌握率×仕様検討数率×見積もり提案率×成約率」

左辺の「成約数」を最終的なゴールとして、KGI（Key Goal Indicator）と呼び、右辺の「リスト数」から「成約率」までの項目をゴールに向かうマイルストーンとして、KPI（Key Process Indicator）と呼ぶが、「リスト数」から「成約率」にいたるそれぞれのKPIについて、どのようにすれば向上させることができるのかを検討し実践すれば、結果としてKGIである「成約数」は自然に増加することになる（下の図参照）。

成約数 ＝	リスト数	×	プレ商談数／リスト数	×	現存システム仕様掌握数／プレ商談数	×	仕様検討数／現存システム仕様掌握数	×	仕様提案数／仕様検討数	×	見積もり提案数／仕様提案数	×	成約数／見積もり提案数
	↓		↓		↓		↓		↓		↓		↓
	リストを増やすには		商談率を上げるには		システムを掌握するには		仕様を検討してもらうには		仕様を提案するには		見積もりを提案するには		成約までもっていくには
やるべきこと	ターゲットの見通し 名簿の購入 紹介をしてもらう ブース出展する		主力商品の絞込み アポどりのトーク 知名度向上（プレスリリース）		ヒアリングシートづくり 事前に調べるヒアリングトーク向上		わかりやすい企画書 プレゼン能力向上 単品に絞って提案		ニーズのヒアリング 事例を紹介する 他社事例の研究		簡単に見積もりができる仕組み 現場への権限委譲		キャンペーン（〇〇までは割引） クロージングトーク 決裁者を探す

第4部 実行戦略

■プロセス管理の留意点

　さて、KPIによるプロセス管理を行う際には、いくつか留意しなければいけないことがある。
　まず1つ目は、このプロセス管理を導入すること自体が目的化してしまうということである。特に導入当初は問題なく運用しているのであるが、細かな点での不具合が気になり、指標を精緻にしようとする動きは必ずと言っていいほど出てくる。
　指標を精緻にすること自体に問題はなく、また、より戦略に沿った指標に改正していこうとする動きは好ましいことだが、指標をいたずらに細かくしすぎることはあまりおすすめできない。細かな指標を導入した場合、多くの社員の共感を得られなくなり、結果として形骸化する恐れがある。全体最適のためにはプロセス管理を導入することは不具合であるという誤った結論を引き出しかねない。
　2つ目はKGIへの納得性である。今回は成約数を例にとり説明を進めてきたが、業績向上のためのゴールとしての「成約数」が果たして納得できるものなのかどうかを確認した上でスタートさせる必要がある。「なぜこれをやらなければならないのか」を納得させることなく営業現場の方々に動いてもらうのは至難の技だからである。

第3章

業務フローに従った組織構築

| 1 | 5W1Hの明確化
| 2 | HRへの展開
| 3 | OBへの展開
| 4 | スケジューリングの重要性

1 5W 1Hの明確化

■モレのない決定を

　経営戦略を立案するということは、当然ながら企業の今後の進むべき方向性を計画するということである。

　計画を立てるということは、最終的に why（なぜ）、what（何を）、where（どのターゲットに）、who（誰が）、when（いつまでに）、how（どのように）という5W 1Hが決まるということである。

　ここまで述べてきたフローで、なぜこのような戦略になるのか（why）、その目的を達成するために何をするのか（what）、だから具体的にどのような手段をとっていくべきか（how＝ここでいう how はマーケティング面における how である）、誰を顧客ターゲットとしていくのか（where）という3つの W が決まった。

　多くの企業のコンサルティングをしていく中で、この3つの W がよいものであっても、残りの when（いつまでに）、who（誰が）、how（どのように＝ここでいう how はマネジメント面における how である）が明確になっていないために、戦略が具現化されないということを見る。ここまでの3つの W を十分な調査と検討を行ってつくりあげているので、残りのポイントの決定までをしっかりやりきりたい。

　この部では、スケジューリングをつくる when（いつまでに）、学問的には HR（human resource）、OB（organization behavior）の範囲である who（誰が）、how(＝マネジメントにおける how、どうやって)について説

第3章　業務フローに従った組織構築

図表4-2　5W1Hと経営戦略

5W1H	わかりやすく言うと…	どうやってつくるかの流れ
why	なぜやるのか	現状調査→現状分析→SWOT分析
what	何をするのか	SWOT分析→ターゲティング→業務の分解→KSF、KGI、KPIの設定
where	どこをターゲットとするのか	現状調査→現状分析→SWOT分析
who	誰がやるのか	SWOT分析→KSF、KGI、KPI→組織設計
when	いつまでにやるのか	SWOT分析→KSF、KGI,KPI→スケジューリング
how	どうやってやるのか（marketing）	戦略立案→ターゲティング→具体的戦略立案（4P）
how	どうやってやるのか（management）	KSF、KGI、KPI→組織設計→採用・評価・配属・育成計画→リーダーシップとモチベーション設計

明していく。

2 HRへの展開

■ HRとOBについて

　まず、戦略が効率的にまた確実に動くために重要であるHR（人的資源管理）とOB（組織行動学）について説明する。

　このHRやOBについては、詳細に述べていくと、この各テーマだけで多くの本が出され、セミナーが開催されるほど深い内容であるため、ここでは説明についてはその概要にとどめ、これらを構築することの重要性と意義について述べていきたい。また、一般的なHRとOBの内容については下の図にまとめた。

　HRとOBとは一言で言うと、「ヒトや組織の能力とやる気を高め、コントロールするための仕組み」である。

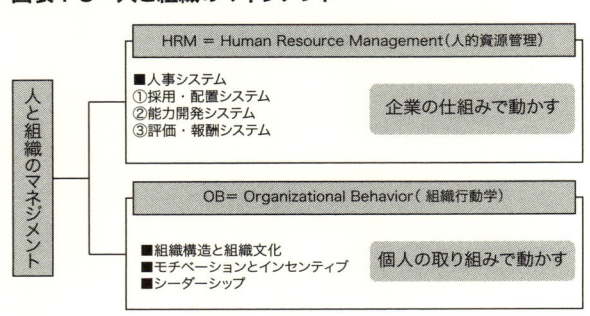

図表4-3　人と組織のマネジメント

人と組織のマネジメント	HRM = Human Resource Management（人的資源管理）	
	■人事システム ①採用・配置システム ②能力開発システム ③評価・報酬システム	企業の仕組みで動かす
	OB = Organizational Behavior（組織行動学）	
	■組織構造と組織文化 ■モチベーションとインセンティブ ■リーダーシップ	個人の取り組みで動かす

第3章　業務フローに従った組織構築

　企業戦略の中での HR と OB についての位置づけは、以下のような図になる。
　まず HR についてまとめていきたい。これまでに戦略を実行するために重要とされる KSF、KGI、KPI の設定を行った。つまり、やるべき項目とその達成水準が設定されたということである。
　業務が十分に確定されると初めて HR の分野の軸となるどのような行動をとる人、どのような成果を挙げられる人を評価すべきかという評価（人事考課）制度をつくることができる。また、どのような能力をもっていれば、その求められる業務を遂行することができるかという HR モデルをつくることができる。
　評価制度と HR モデルをつくると、会社の限りある給与原資を誰にどれぐらい配分するのがよいかが客観的にわかるし、また HR モデルがあるために社員にどのような能力を身に付けさせていくべきかという教育制度や、どのような人材をどれだけ採用すべきかという採用戦略も明確になってくる。
　たとえば、先のシステムを販売している企業で言えば、成約数という

図表4-4　人事制度の全体像

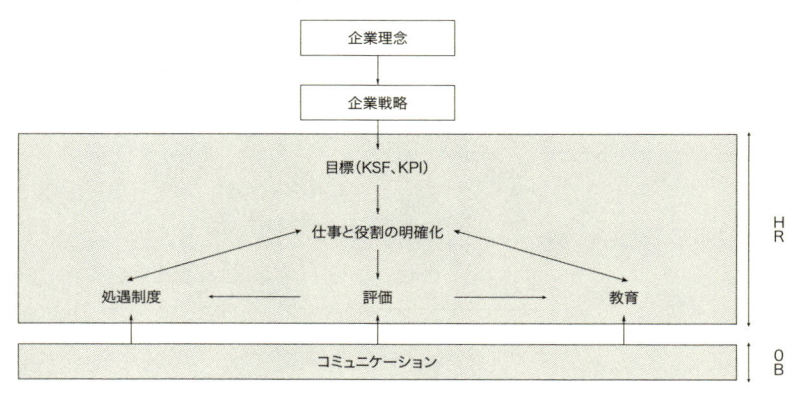

```
          ┌──────────┐
          │  企業理念  │
          └─────┬────┘
                ↓
          ┌──────────┐
          │  企業戦略  │
          └─────┬────┘
┌───────────────┼───────────────┐
│         目標（KSF、KPI）          │
│               ↓                  │ ┐
│       仕事と役割の明確化          │ │
│       ↗      ↑      ↘            │ │ HR
│   処遇制度 ← 評価 → 教育         │ │
│       ↑      ↑      ↑            │ ┘
├───────────────┼───────────────┤
│        コミュニケーション         │ ─ OB
└───────────────────────────────┘
```

第4部　実行戦略

KGIの達成度を評価する制度と、そのKGIを構成している各KPIを向上させる活動の達成度を評価する仕組みがあるべきである。また、このKPIを高い水準で実行することができる人材を採用基準の軸とすべきである。そして、採用後は各KPIを実行するための教育を行う必要がある。

このように、KGI、KPIを基にして、どのような能力をもっていれば、その求められる業務を遂行することができるかという、HRモデルを明確にすることで、たとえば、同じ「アポどりのトークをうまくする」という教育を行うにしても、それが営業マンに求められる成果であるKGIの向上の中で、どのような意味であるのか、またどれだけ必要なものであるかがわかる。

戦略と制度がバラバラになっており、その結果、戦略が動かなくなっている企業も多い。この項で説明したように、経営戦略を基に、人事考課制度や教育制度をつくりあげていきたい（次ページの図参照）。

第3章 業務フローに従った組織構築

	成約数 ＝リスト数	× プレ商談数/リスト数	× 現存システム仕様掌握数/プレ商談数	× 仕様検討数/現存システム仕様掌握数	× 仕様提案数/仕様検討数	× 見積もり提案数/仕様提案数	× 成約数/見積もり提案数
	↓ リストを増やすには	↓ 商談率を上げるには	↓ システムを掌握するには	↓ 仕様を検討してもらうには	↓ 仕様を提案するには	↓ 見積もりを提案するには	↓ 成約までもっていくには
やるべきこと	ターゲットの見通し 名簿の購入 紹介をしてもらう ブース出展する	主力商品の絞込み アポどりのトーク 知名度向上（プレスリリース）	ヒアリングシートづくり 事前に調べるヒアリングトーク向上	わかりやすい企画書 プレゼン能力向上 単品に絞って提案	ニーズのヒアリング 事例を紹介する 他社事例の研究	簡単に見積もりができる仕組み 現場への権限委譲	キャンペーン（○○までは割引） クロージングトーク 決裁者を探す
営業マンの評価項目	リストを増やす努力をしたか（話しかけたか） ブース出展の際に積極的に名刺交換したか	アポを何件とることができたか	事前に先方をヒアリングしたか	企画書を何件出したか 主力商品をアピールできたか 決裁者に会えたか	事例を探すことができたか 事例を求める努力をしたか	見積もりを出した件数	何件成約できたか
営業マンの教育項目	名刺交換の仕方 ブースでの声のかけかた	身だしなみ 話し方 アポのとり方	ヒアリングのやり方 ヒアリングシートの使い方	企画書の作り方 プレゼンの仕方 決裁者の把握とアポの取り方	自社・他社の成功事例を伝える	見積もりの出し方 見積もりを出すスピードの重要性	クロージングの仕方

第4部 実行戦略

3 OBへの展開

■組織文化や社員の意識改革（OB）

　前項のHRを見通し設計することで、評価や採用、育成方針が決まってくるが、本当に必要な人材を採用、育成し、各行為を正しく評価すれば、人は動き、また戦略は実行されるのであろうか。

　173ページの図を見ればわかるように、企業理念から戦略→目標→仕事→評価と流れている図を大きくコミュニケーションというものでくるんでいる。

　このコミュニケーションというものが企業理念から一貫して構築されている各目標や仕組みを1人ひとりの社員に伝え、1人ひとりをやる気にさせ、最終的に戦略が現場で動くためのガソリンとなる。

　このコミュニケーションと一括りに言っている部分を学問的には、OB（Organizational Behavior）と呼んでいる。OBがどのような要素を学問として含んでいるかは次ページの図を参照していただきたいが、主に心理学や社会学に関するような内容である。一言で言うと、組織の活力や個人のやる気をどのようにつくっていくかということである。

　OBとは、企業の生産性や業績に影響する個人行動、集団行動、組織そのものの行動と3つの領域で構成されている。

　組織行動論は、1920年代の後半から1930年代の前半にかけて行なわれたホーソン研究がスタートと言われている。人間の態度や行動、モチベーション（動機づけ）、リーダーシップ、グループダイナミックス（集団動

図表4-5　OBの分類と特徴

分類	個人行動に関する研究領域	集団行動に関する研究領域	組織そのものの行動に関する研究領域
分析レベル	個人レベル	集団レベル	組織レベル
影響を受けている学問	■心理学	■社会学 ■社会心理学	■社会学 ■社会心理学 ■文化人類学 ■政治学
代表的な研究テーマ	■個人の生物学的特長 ■パーソナリティー ■認知 ■学習 ■モチベーション ■職務満足 ■意思決定 ■従業員のセンバツ	■グループダイナミックス ■ワークチーム ■リーダーシップ ■コミュニケーション ■権力（パワー） ■コンフリクト	■組織構造 ■組織設定 ■組織変動 ■組織文化 ■組織環境
呼び方		マクロOB	マクロOB

学）など、現在も組織行動論の中で取り上げられている重要な研究の多くが、このホーソン研究をもとにしている。

　OBがこのように組織内での人間、集団、組織の行動が生産性や業績に大きく影響を与えるものである以上、経営者・コンサルタントとしてOBに関する知識は必要不可欠となる。

　では、コミュニケーションで1人ひとりに仕事を理解させ、やる気になってもらうにはどのようなことを伝えていくべきであろうか。

　どのようなことを伝えれば人はやる気になって働いてくれるのかは、マズローの五段階欲求理論に基づいて考えると、現在の相手のレベルや状況によって、どのように伝えるのがよいかがわかってくる。

■マズローの五段階欲求説

　対象が1人ひとりにしても、組織という集団にしても、立案した方策を相

手にやる気になってもらうためには、どのように相手に情報を与えるかにかかっている。つまり、相手にとってその方策が「やりたいもの」「あこがれるもの」であれば、その方策を実行してくれるが、「面倒なもの」「やりたくないもの」であれば、その戦略は動かないのである。

しかし、「こう伝えれば全員が絶対に動いてくれる」伝え方や話し方があればよいが、残念ながら人にはそれぞれ「やる気」の源泉である欲求の内容が異なる。その内容について、アメリカの心理学者Ａ・Ｈ・マズローは、「マズローの５段階欲求説」としてまとめている。

つまり、人間の持つ欲求は５つにグループ化できるだけでなく、段階的に見ていくことができる。最も低次の欲求として「生理的欲求」があり、以後「安全性欲求」「社会的欲求」「尊厳欲求」と高次になり、最も高次の欲求として「自己実現欲求」があるとしている。具体的には以下の通りである。

・生理的欲求……食欲や性欲、睡眠、休養など動物として生きる上で必要不可欠な基本的な欲求
・安全性欲求……危機回避や健康維持など恐怖や不安、不快、苦痛や脅威から自分を守りたいという欲求
・社会的欲求……人からよく思われたい、嫌われたくないという集団や家族への帰属を求める欲求
・尊厳欲求……社会的ステータスを築きたい、人から認められたいという他者からの尊敬や賞賛、承認を求める欲求
・自己実現欲求……「自分はこうありたい」という自己の潜在能力や創造性の発揮に対する欲求

このマズローの五段階欲求説を「戦略の実現」という観点からとらえたのが次ページの図表である。

このように、１人ひとりによって欲求の内容が違うために、いろいろな言い方ややり方によって情報を伝えることが重要である。

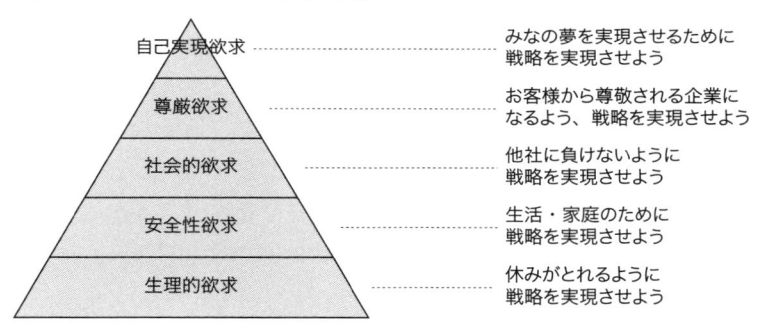

第3章　業務フローに従った組織構築

図表 4-6　マズローの五段階欲求説

- 自己実現欲求 …… みなの夢を実現させるために戦略を実現させよう
- 尊厳欲求 …… お客様から尊敬される企業になるよう、戦略を実現させよう
- 社会的欲求 …… 他社に負けないように戦略を実現させよう
- 安全性欲求 …… 生活・家庭のために戦略を実現させよう
- 生理的欲求 …… 休みがとれるように戦略を実現させよう

第4部　実行戦略

4 スケジューリングの重要性

　戦略立案のための5W1Hを完成させるための最後の項目で、when（いつ）の要素である。小学生のころ夏休みの宿題は期日ぎりぎりにやって仕上げた経験のある人も多いと思うが、それと同じで何事も最後の期日が決まらなければ、日々の業務に追われて実行に移すのは難しい。

　また、期日が決まらなければ、何から順番に進めていかなければならないか、何が計画のボトルネックになるかも見えない。そのため、when（いつ、いつまでに）の要素は経営戦略を立案する上で重要な項目なのである。

　期日については大きく2つの項目を決定する必要がある。それは、最終のゴールを達成するまでの期日と中間チェックをする期日である。最終ゴールの期日だけ決定することもあるが、重要なのはいつの段階でチェックするかの期日を決めることである。

■マイルストーンごとの達成水準を決める

　ここまでの戦略立案の流れの中で、すべての5W1Hが決まるが、この計画を実際に動かし、戦略を成功させることが目的である。そのためには、この戦略立案段階において、進捗管理の基本であるPDCA(Plan-Do-Check-Action)サイクルをイメージしておくことが重要である。

　また、期日に合わせて、中間段階で各KGI、KPIがどのレベルまで達成されているべきかの達成水準を決定する必要がある。これをマイルストーンの設定という。マイルストーンごとの達成水準を立案する際には普通スタート時は数字がじわじわ上がり、途中から大きく数字が伸びるホッケースティッ

第3章　業務フローに従った組織構築

図表4-7　達成水準

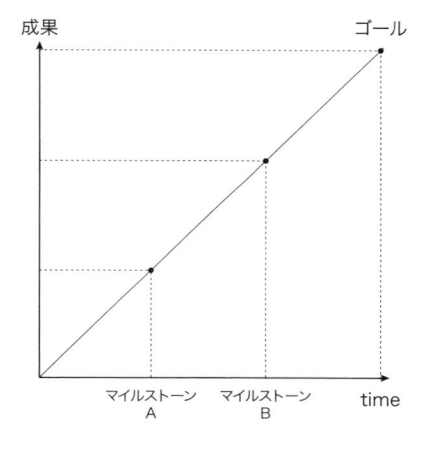

●延長線型の目標設定　　　　　　●ホッケースティック型の目標設定

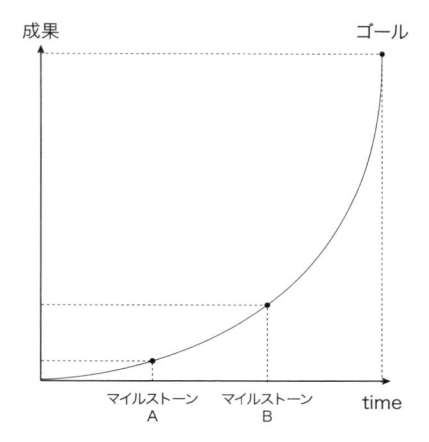

ク型の計画を立案することが多い。これは飛行機が離陸するときに加速して飛び上がるまでが最も燃料を使うのと同じように、何事も立ち上げるときに最も力がかかるためである。

FUNAI CONSULTING
Immediate Performance
Improvement Series

第5部

展開と定着

第1章

展開

- |1| PDCAサイクルで戦略を展開する
- |2| トップの強い意志を見せる
- |3| $1:1.6:1.6^2$の法則
- |4| 教育の実施
- |5| ツールづくり

1 PDCAサイクルで戦略を展開する

■ PDCAサイクルと戦略

　前部まででつくってきた経営戦略をこの第5部では、実際にどう現場で実行、「展開」「定着」していくかについて述べていく。
　まず、この部でしっかりイメージしていただきたいのが、よく耳にするPDCAのマネジメントサイクルである。立案した「経営戦略」という計画を、Plan（計画）→ Do（実施）→ Check（点検・評価）→ Action（処置・改善）の一連の流れで回す。このPDCAのサイクルを回しつづけることで、螺旋を描くように継続的な計画の進行・改善を行っていく。
　このような大所・高所から見てみると、経営戦略を立案するということは、全体の25%であるPlanができただけということがわかる。そのため、経営戦略立案時に期待された成果を出すために、この部でまとめた現場で戦略が実現されるためのポイントを重要視していただきたい。

■ PDCAサイクルと8つのパターン

　さて、PDCAについて、もう少し深く説明したい。一般的にPDCAサイクルは4つのパートから構成されているように見えるが、このパートはさらに2つずつに分かれ、計8つのパートに分割できる（次ページの図参照）。
　この8つのパートを実施していくことで、戦略が具現化していく。
　まず、Planであるが、このパートは今まで立案してきた戦略をつくると

第1章　展開

図表5-1　PDCAサイクルの8つのパート

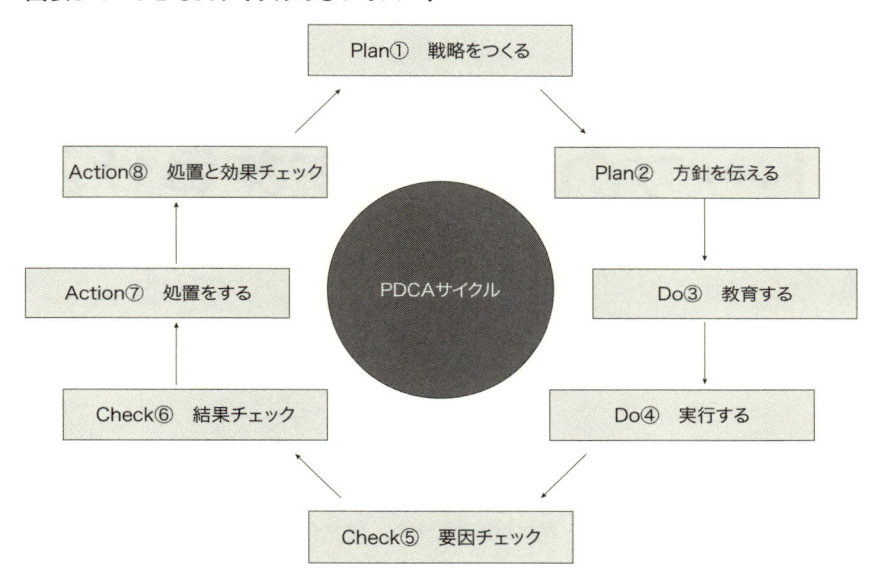

```
                    Plan①　戦略をつくる
            ↗                            ↘
Action⑧　処置と効果チェック            Plan②　方針を伝える
            ↑                                ↓
Action⑦　処置をする        PDCAサイクル    Do③　教育する
            ↑                                ↓
Check⑥　結果チェック                    Do④　実行する
            ↖                            ↙
                    Check⑤　要因チェック
```

いうパートと、その戦略を社内・社外へ伝えるというパートに分かれる。次にDoであるが、これはその実行することを社員に教育するパートと、実際に戦略を実行するパートに分かれる。次にCheckであるが、ここはKPIといった成果をあげるための要因分析とその結果チェックの2つに分かれる。最後のActionは、Check段階で見つかった改善項目に対して改善を行う処置と、その処置が正しいものであったかをチェックする効果チェックに分かれる。

　次の項より、PDCAサイクルの各項目について説明していく。

2 トップの強い意志を見せる

■展開と定着は1人ではできない

　第5部の「展開と定着」とこれまで説明してきた戦略立案フェーズの違いは、そのかかわる人数・範囲である。

　第4部までは、社長1人や営業部の数名、または経営企画室のメンバーで実行できる内容である。しかし、この第5部「展開と定着」は自分1人でできるものではない。周りの社員へ戦略の内容を理解・納得してもらい、実際に動いてもらう必要がある。そして、最終的にそれを定着させていく必要がある。

　会社とは陸軍と海軍でいうと、海軍に近い存在であると言われる。陸軍の兵隊は、戦場では1人ひとりがバラバラであり、自分で考え自分1人で判断して行くべき方向を決めることができるが、海軍は全員が力を合わせ1人ひとりが自分の役割を踏まえて向きを変えて動けなくてはいけない。つまり、全員が船の方向性を知らなければならない。

　同じように、「展開と定着」では全員が戦略を理解した中で、自分の役割を知り「戦略の実現」という1つの目標に向かって方向性を合わせる必要がある。

　まず「展開」では、新たに構築した経営戦略やその実現に向けた実行戦略を関係部署に対して告知し、メンバーの意識変革を促す。一般的にはトップマネジメントや部門長による経営方針発表、あるいはその戦略の内容の具体的な活動を実行するための教育といった施策がある。

第1章　展開

■社内への方針発表

　方針を伝えるこのフェーズによくある問題点として、以下のようなことが現場で見られる。

① 戦略の内容が十分に理解されていない（説明不足）
② 一過性の取り組みだと誤解されてしまう（熱意不足）
③ 社員の意識や行動が変革されていない（①と②の結果）

　これらの要素で失敗しないために、このフェーズでは以下のようなことに注意したい。

①トップマネジメントが督促すること
　・トップマネジメントが自らのメッセージにより伝える。
　・社内へビジョンを明確に語る。
　・トップの夢を語り、将来の目指すべき姿を自ら伝える。
　・定性的な目標と定量的な目標を表明する。
　・社員のやる気を向上させる方策（インセンティブ）を提示する
　・社員の自発性、創造性の意欲を向上させることを狙い、やる気を向上させる方策を提示する。
　・継続的なコミュニケーションにより理解・納得させる
　・社内コミュニケーションの仕組み作りを行なう。
　・戦略を徹底するために継続的なコミュニケーションを行なったり、社内ネットワークや媒体を通じて、一貫した内容を伝える。

②社員の意識・行動を変革させるための啓蒙（教育）活動
　・戦略を現場レベルへ翻訳（ブレークダウン）する
　・戦略の狙い・目的・効果を伝え、自己の役割を明確に認識させる
　・戦略実現に向けたアクションプランを作成し、共有化する

これらのいくつかのやり方はあるが、何より大事なことは、トップの戦略に対しての熱い情熱を複数の場、複数の媒体を使って相手に伝えていく姿勢である。これに勝るものはない。

　このようにトップが強い意志を持つために十分に作りこんだ、考え抜いて自信を持てる戦略づくりが必要である。

■社外への方針発表

　経営戦略が固まり、その方針が斬新なものであるとき、社内に方針を発表するだけでなく、その方針を社外へもプレス発表するときがある。これは販促効果という目的もあるが、それ以上に社内のメンバーに必ずこの戦略を実現させるんだという強いメッセージにもつながる。そのため、船井総研では経営戦略を立案した際に支援先のプレス発表支援もしばしば行っている。
　自社の情報をプレスリリースとして定期的に送りつづけることで、マスコミ各社によるパブリシティ掲載が期待できる。しかし、各媒体の記者には毎日20通以上のプレスリリースが届くというのが実態であり、記事として取り上げてもらう確率は高くない。この確率を上げるためには以下のような工夫が必要である。

①プレスリリース対象の選定
　全国紙のような巨大マスメディアは掲載されれば大きな効果が期待できるものの、掲載の確率は低い。したがって、日頃から主要媒体の読み込みを行って各紙の特徴を把握しておく必要がある。
②プレスリリース原稿の作成
　記者が興味を持つような原稿の書き方を心がける。
③プレスリリース代行会社への依頼
　代行会社に依頼することで短期間に多くの媒体へのリリースが可能になる

第1章 展開

以下に効果的なリリースのやり方を説明する。

図表 5-2　プレスリリース用アプローチトーク例

フロー	実施内容	トーク例
問合せ前	・担当部署から上がってきた関連記事の整理を行う ・広報担当者がプレスリリースで発信しようと考えている記事に近いものを選択する	
問合せ	・担当している編集部へ連絡を入れる。 ・担当している編集部へ連絡を入れる（編集部が確定している場合は、部署名も指定。不明の場合は広報部へ電話をつなげてもらう）。	「わたし、●●商事の□□と申します。○月○日に御社の『×××（媒体名）』の○面に掲載されている記事をお書きになられた方とお話したいのですが」 （必ず掲載されている媒体名を告げ、掲載日時、掲載ページ・紙面、記事の簡単な内容を伝える）
	・担当者に電話がつながる ・趣旨を明確に伝える	「はじめまして、私、●●商事の□□と申します。本日は、○月○日に掲載されていた記事の内容についてお聞きしたいのですが」 私ども●●商事は今回の記事に興味を持ちました。記事の内容を拝見しましたが、私どももやっているサービスです。特に私たちのサービスの方が△△な点でおもしろいと思うのですが、一度お会いしてお話したいのです」
問合せ	・実際に記事を書いている記者と話すことで掲載率が向上する ・必ず担当者名を確認する	「もしお時間がよろしければ、御社に一度おうかがいしたいのですが、私は○月○日であればおうかがいできますが、ご都合はいかがですか？」 OKであれば、 「ありがとうございます。それでは、○月○日○時に御社におうかがいいたします。その際はどなた様宛てにおうかがいすればよろしいですか？」 NGであれば、 「そうですか、お忙しいようですので、私どものプレスリリースに関して、ファックスもしくは郵送でお送りしたいのですが、よろしいでしょうか？」 FAXの場合 「それでは、ファックス番号をお教えください」 郵送の場合 「それでは、お送り先をお教えください」
問合せ前	・お礼状を送付する。さらに継続的に担当者宛てに連絡を入れる ・電話で確認した担当者宛てに今後のプレスリリースを送る	問合せ前

3 １：1.6：1.6² の法則

■やる気の法則と戦略

　船井総研には別名「やる気の法則」という「１：1.6：1.6² の法則」というルールがある。
　これは、強制的に仕事をさせたときの効率を「１」とした場合、その仕事の意義や目的を理解して行うときには、同じ人でも仕事の効率が 1.6 倍になるというものである。
　さらに、その仕事を自ら企画し、考えて実行した際の効率は「1.6」、つまり、2.56 倍になる。
　これは、いかに人は管理される、強制されるよりは、自主性・自由性を重んじたほうが力を発揮するかを表したものである。よく大手企業の経営戦略を立案する位置にいる方は岡目八目で現場の方がやっている様子を軽んじて論じていることがある。このようなスタンスで現場の方に経営戦略を論じたりしては、どれだけその戦略が素晴らしいものであっても、その戦略が実行されることは難しいと言える。現場にいる１人ひとりに対して敬意を持って接することが重要である。

■やる気の法則の導入方法

　また、経営戦略から新しいことを現場で具現化するためと言って、いきなりその活動を全員に求めてしまうことは大きな間違いのもととなる。先に述

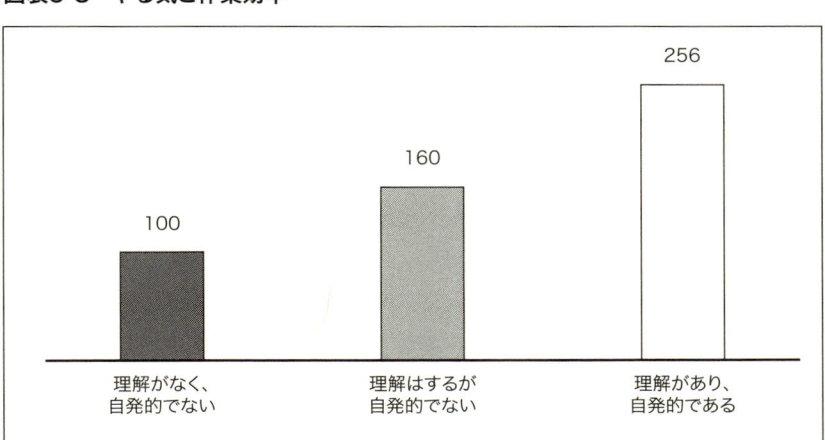

図表5-3　やる気と作業効率

理解がなく、自発的でない	理解はするが自発的でない	理解があり、自発的である
100	160	256

べたように、人は管理されたり、強要されることを何より嫌がる傾向にあるからである。

　今や世界一の売上を誇るウォルマートはEDLP（Every Day Law Price 毎日すべての商品を安く売る）という優れた戦略をとっているが、初めはこのやり方に興味を持ってくれそうなカー用品の部門からスタートし、それを徐々に他の部門へ広げていったそうである。

　お客様の層にも新しいことを取り入れやすいイノベーターや、それを追いかけるフォロワーがいるように、新しい取り組みに対して前向きにやってくれそうな部署、人を探すことが大事である。

　また、第4部のKPIの決定の際にも述べたように、できるだけ具体的戦略の立案の段階から、各部署のメンバーに入ってもらうということも重要で、また効果的である。

4 教育の実施

■なぜ「教育」が必要なのか

　戦略を立案し、トップがそれを社内・社外に発表した後に、戦略を具現化するための行動を教育として社員の全員に伝えていく。
「三日坊主」という言葉もあるように、人が行動を変えて、新しい行動を習慣としていくためには、大変な決意が必要である。気をつけないとすぐに元のクセに戻ってしまう。
　このクセを変えるために絶対に教育というプロセスは外すことができない。前項のトップの想いを伝えるという行為だけでは、その場で「総論賛成」は取り付けられても、社員の行動は変わらないのである。
　では、教育では何を教えていけばよいだろうか。そのポイントは大きく、

① なぜこれをやる必要があるのか（意味）、
② 具体的にどうすればよいか（手順）

の2点である。
　①に関しては、今まで戦略を立案してきたプロセスに従えばよいが、②に関しては十分なつくり込みが必要である。特にありがちなミスとしては、新しくやることを付加だけして、今までの業務を減少させることを提案しないということである。
　基本的に人間は自分の今ある全力を出し切って仕事をしているし、またそ

の仕事にやりがいや重要性を感じて仕事をしている。そのため、今やっていることを減らしたり、止める理由・内容を伝えずに新しいことを提案すると反発したくなるし、仕事に対してのモチベーションを引き下げてしまう結果になる。そのため、何を新しくやるか考える前に、必ず「何をやめるか」を伝えてから新しくやることを伝えるべきである。

具体的には、社員に伝える際には1カ月、1週間、1日のスケジュール表をつくり、今までとこれからの変化を伝えていくとよい。

次に教育をしていく順番であるが、これは必ず役職が上の人から実施していくことが肝要である。なぜなら、役職が下の人から教育を実施すると、その人が現場で新しいことをチャレンジしたときに、上位者がその行動を認め、誉めなくては新しいことが身につかないからである。

■現場が見えるところまで細部にこだわった教育の実施

具体的に船井総研でガソリンスタンドチェーンの利益をアップさせるという話があった。ガソリンスタンドにとって、ガソリンは集客商品であり、利益商品ではない。つまり、ガソリンで集客してから、どれだけ他の非ガソリン商品を売るかが大切である。

このように、ガソリンスタンドのKPIというのは、どれだけガソリン以外の非ガソリン商品が売れるかどうかである。非ガソリンの商品とは読者もおわかりのとおり、洗車やオイル交換、車検、タイヤ交換である。しかし、オイル交換はあまり頻度が多くなく、車検はディーラーや地元の整備工場が競合としている。また、タイヤに関してもディーラーや大手チェーン、小売店が強い。したがって、ガソリンスタンドが取り込みやすい商品としては、全社で洗車の販売について皆で取り組もうというのが決まってくる。

洗車を売り込む方針を決めたら、実際に教育を実施する。順番としては、先に述べたように、上位者からであるので、ここでは店長→スタッフの順となる。

ここで教育する内容は、店長には具体的手順とどう定着させるかというマネジメントの部分を、そして、スタッフには具体的手順を十分に教える。こ

のようなことを教育してから非ガソリン部門の売上は大きく伸びた。具体的に店長がどのようにスタッフに声をかけているかと言うと、スタッフが洗車の声かけができた場合は誉める。声すらかけない場合は叱る。また、スタッフ層への教育を実施するときには、
「サービスステーションで洗車することの素晴らしさ」
「声のかけかた」
「タイミング」
「ツール」
「女性客への声のかけ方」
「男性への声のかけ方」
などがある。
　初めは何を言っていいかわからない場合があるので、細部までこだわって設定していくことが大切である。ここまで落とし込み、上位者は何をし、下位者はどう動くかまでを作りこまなくては、戦略を具現化するためにスタッフが今までのクセを変えることは難しいのである。

■ 一過性で教育を終わらせない

　どれだけすばらしい内容の教育をやったとしても、たった1日や2日で人の行動は変わるものではない。そのため、全社通達、社内報、イントラネット、ポスターなどいろいろな手段・媒体を使って何度も何度も意識づけを行うことが必要である。教育計画を立案する際には、この定着までを意識して計画をつくる。

第1章 展開

図表5-4 教育スケジュール（例）

■全社

内容	1月	2月	3月	4月	5月	6月	7月	8月	9月	10月	11月	12月
全社方向性			決算	方針発表				PJスタート	中間決算	方針発表		

■研修内容作成

内容	対象	1月	2月	3月	4月	5月	6月	7月	8月	9月	10月	11月	12月
関係者ヒアリング	各部門PJメンバー		→→→							→→→			
マニュアル作成	経営企画・教育部			→→→							→→		
プレ研修	経営企画・SV・教育部				→→								

■研修の実施

内容	対象（実施部署）	1月	2月	3月	4月	5月	6月	7月	8月	9月	10月	11月	12月
研修	経営幹部（経営企画）				⇒						会議にて報告		
	支店長（経営企画）					⇒					会議にて報告		
	SV（経営企画）					⇒					⇒		
	店長（教育部）						⇒					⇒	
	エリアA 社員（教育部）							⇒				⇒	
	エリアB 社員（教育部）							⇒				⇒	
	スタッフ（SV）							⇒					

■内容定着

内容	対象	1月	2月	3月	4月	5月	6月	7月	8月	9月	10月	11月	12月
全社通達	全社				★				★		★		
目標通達	全社							★					★
WEB研修	全社							★					★
ツール全社配布	店長							★		★			
社内報	社員								★		★		★
社内掲示	スタッフ					スタート掲示			PJ内容掲示		結果掲示		結果掲示

第5部 展開と定着

5 ツールづくり

■ツールの効用

　教育を行い、実際に戦略を実行する際に有効なのが、その戦略に合ったスケジュールボード、進捗管理シート、目標カード、帳票類、企画書、チラシ、ホームページなど各種のツールをつくる、または変更することである。また、サービス業で制服を採用している会社であれば、制服やロゴマークを変更したり、ブランド名を変えることも有効である。

　人はやはり行動を変えようと思ったときには、今までとは変えなくてはいけないと常に意識する必要がある。その最もわかりやすいものは、目に見える、または手で触れるツールを変更することなのである。特にポスターや企画書、制服などは顧客から変化したことが目に見えてわかるため、効果が高い。

　また、こうしたツール類をつくりこむと、教育をする際にも具体的な変更点と手順を教えやすくなる。そのため、Plan段階からDoの段階に落とし込むときには、このようなツールづくりは終わっておきたい。

　船井総研では、経営戦略を立案した際には、通常社外・社内のデザイナー、クリエイターの力を使って、こうしたツールのラフ案までの作りこみを行っている。

　次ページ以降、具体的なツール類をいくつか紹介する。

第1章 展開

図表5-5 プロジェクトスケジュール（例））

■プロジェクトスケジュール

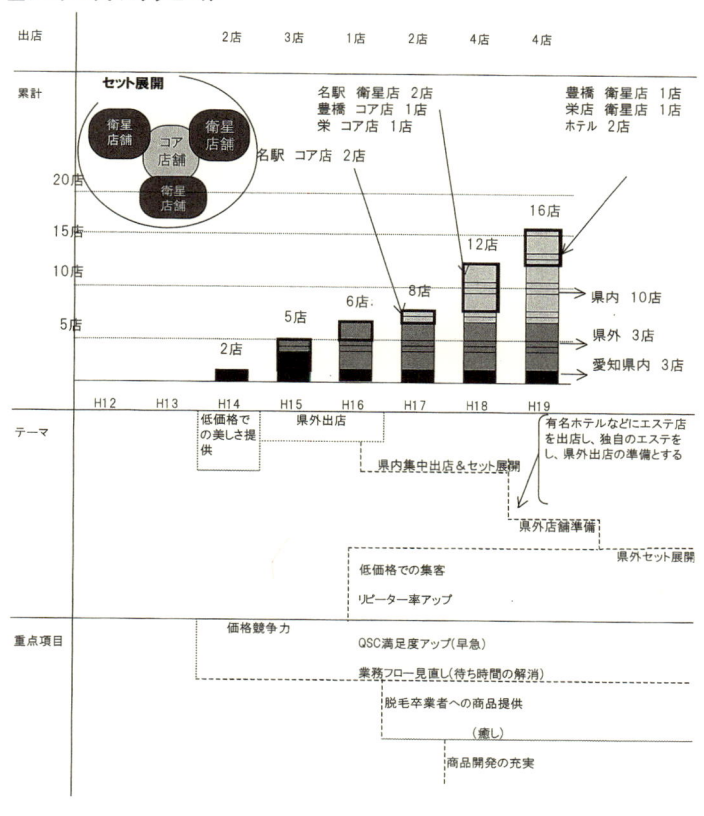

出店			2店	3店	1店	2店	4店	4店

累計

セット展開：コア店舗を中心に衛星店舗を配置

- 名駅 衛星店 2店
- 豊橋 コア店 1店
- 栄 コア店 1店
- 名駅 コア店 2店
- 豊橋 衛星店 1店
- 栄店 衛星店 1店
- ホテル 2店

	H12	H13	H14	H15	H16	H17	H18	H19
累計			2店	5店	6店	8店	12店	16店

- 県内 10店
- 県外 3店
- 愛知県内 3店

テーマ
- H14: 低価格での美しさ提供
- H15～H16: 県外出店
- H17～H18: 県内集中出店＆セット展開
- H19: 有名ホテルなどにエステ店を出店し、独自のエステをし、県外出店の準備とする
- 県外店舗準備
- 県外セット展開
- 低価格での集客
- リピーター率アップ

重点項目
- 価格競争力
- QSC満足度アップ(早急)
- 業務フロー見直し(待ち時間の解消)
- 脱毛卒業者への商品提供（癒し）
- 商品開発の充実

第5部 展開と定着

図表5-6　アプローチブックの例①

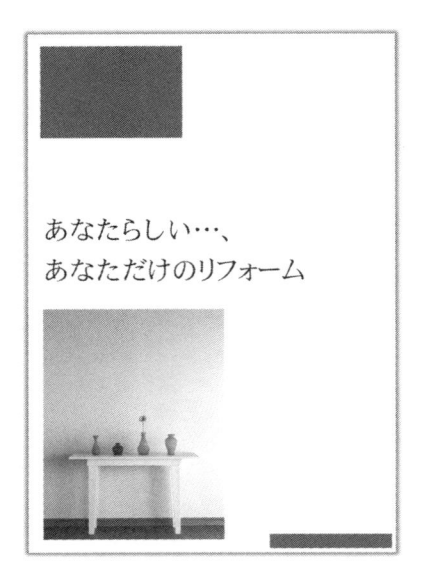

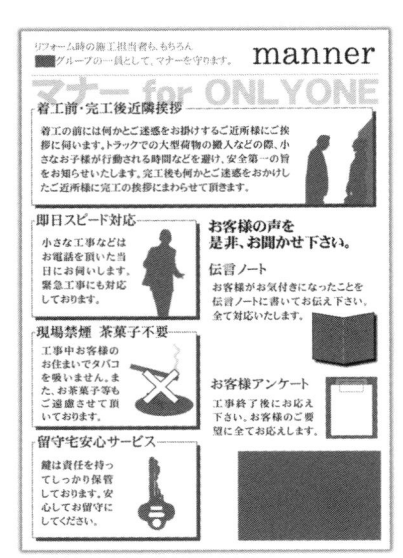

図表5-7　チラシの例

図表5-8　アプローチブックの例②

第2章

定着

|1| Check体制
|2| 表彰と賞賛
|3| 改善のすすめ方

1 Check 体制

■ Check の難しさと重要性

　戦略が実行（Do）の段階に来たら，次は Check を実施する。Plan → Do までは比較的時間として固まって作業が進められるが、この Check を実施するまでには少し時間が空いてしまう。また、人は誰であってもよほど提案がよいことが明確でない場合以外は、その結果を振り返りたくないものである。そのため、戦略を実行まで移したら、強く Check を意識していただきたい。

　また、ベースとして理解しておきたいことは、人は一度言ったくらいではその行動は変わらないということである。これは、たとえ自分自身にとって最も感謝し尊敬する相手である親の言うことですら、なかなか言うとおりにできないということを考えてみればわかりやすい。

　そのため、大事なことはたとえ初めはまったくできていなくても、何度も Check をし、その重要性・必要性を何度も伝えつづけることなのである。この差をよく現場で感じることがある。それは、初代のオーナーの会社と、二代目の継承型オーナーの会社の違いを見るとわかりやすい。

　ちなみに、だいたい初代の創業オーナーの方が戦略を具現化するのがうまい。この違いはなぜ出るのかというと、戦略をうまく伝えられる人は、初代のカリスマオーナーに多い。二代目はうまく伝えられない傾向にある。

　初代オーナーは、自分自身がレベルの高い会社に入っているわけでなく、また立ち上げたときに優秀な社員は 1 人もいなかったからである。このよ

うな状態から始めているので、「何度も何度も言わないと人はわからない」ということを初代オーナーは理解している。何回も言ったり、かみ砕いて言ったり、言い方を変えたりして納得してもらって、ようやく人を動かす術を実感して肌でわかっているのである。

一方、二代目オーナーもしくは最初に働いた会社が上場企業であったり、一般的に言うレベルの高い会社の場合の方は、戦略を具現化するのが苦手である。こうした会社にいた人は入社した当時に周りも優秀な人が多いので、1回の指示で動いてくれるケースが多い。そのため、3回言っても動かないのであれば、この戦略はうまく行かないとすぐにあきらめてしまうのである。

経営者・コンサルタントは、トップマネジメント層を中心にスタッフに何度も何度もわかるまで戦略を伝えて定着させることが大切である。また、定着では、目標など常に目に見えるところに貼り付け、潜在意識へ落とし込んでいくことが大切なのである。

■具体的な Check の方法

具体的にチェックをする際には、以下のようなポイントを重視して Check を行っている

① Check 目的の理解

なぜこの Check を行っているのか、このチェックの目的を何に今後活かしていくのかを明確にし、全社員に理解してもらうことである。

② Check 目的に合ったチェックシートの作成

戦略を具現化する段階で作りこんだ KSF、KGI、KPI をもとにチェックシートを作成していく。チェックは一度に大量のデータをとり、原因追究をすることも大事であるが、それ以上に頻度を多くとった方がよい結果を生むことが多い。そのため、現場の社員が答えやすく（Yes、No 方式にしたり、わかりやすい言葉を使う）、また短時間（業種にもよるが 15 分くらいが目安）でできるものがよい。

③ Check は全員で実施検討
　Check は一部のメンバーだけでなく、できるだけ多くの人に参加してもらいながら実施する。多くの人がいることで現場を理解しての具体的な改善項目があがっているし、また現状についての理解がより多くの人に伝わるからである。

④ Check したらその結果を記録し、また改善は早く実施する
　Check した結果は継続的に記録し、常にその変化を社員全員で共有していくことが大事である。また、全員で実施した Check の結果でできた改善点はすぐに現場にフィードバックしていくことが重要である。

■展開と定着を担当する上でのコンサルタントの強み・役割

　コンサルタントは経営者に比べると、日常の業務に振り回されることなく、常に先のことを考えられる。コンサルタント先に対して、
「この前の方向性、全社への教育、どうなりましたか？」
といった質問を常に投げかけることができ、リマインドが可能となる。
　「展開と定着」では、「社員全員に理念に基づいたキャッチフレーズを残すこと」、そして「言いつづけることをトップマネジメントに提案すること」を船井総研は意識している。
　また、実際にスタッフ層に教育する際も、話し方や話す分量、資料（具体的な数字や図）を細かく決めておくことが大変重要である。船井総研のコンサルティングはそこまで落とし込んで設定する。また、実際に部署ごとに実施することを具体的に示すことが肝要である。

図表5-9　進捗チェック表（例）

■ 会員制度事業化（担当：会員制度活用ＷＧ）

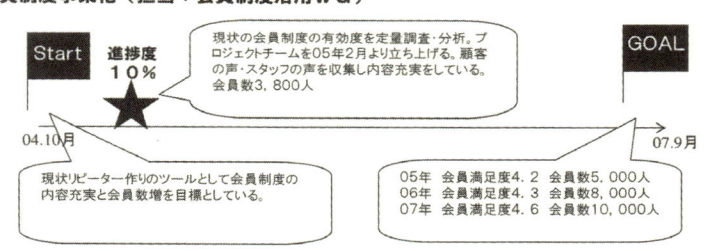

Start　進捗度 10% ★　現状の会員制度の有効度を定量調査・分析。プロジェクトチームを05年2月より立ち上げる。顧客の声・スタッフの声を収集し内容充実をしている。会員数3,800人　GOAL

04.10月 ──────────────────→ 07.9月

現状リピーター作りのツールとして会員制度の内容充実と会員数増を目標としている。

05年　会員満足度4.2　会員数5,000人
06年　会員満足度4.3　会員数8,000人
07年　会員満足度4.6　会員数10,000人

■ 派遣社員の活用検討（担当：経営企画室、人事部）

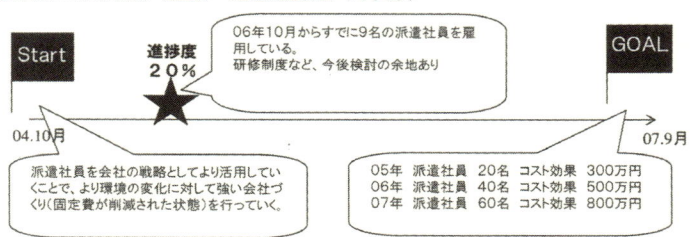

Start　進捗度 20% ★　06年10月からすでに9名の派遣社員を雇用している。研修制度など、今後検討の余地あり　GOAL

04.10月 ──────────────────→ 07.9月

派遣社員を会社の戦略としてより活用していくことで、より環境の変化に対して強い会社づくり（固定費が削減された状態）を行っていく。

05年　派遣社員　20名　コスト効果　300万円
06年　派遣社員　40名　コスト効果　500万円
07年　派遣社員　60名　コスト効果　800万円

■ 広告・販促の効率化（担当：営業情報ＷＧ）

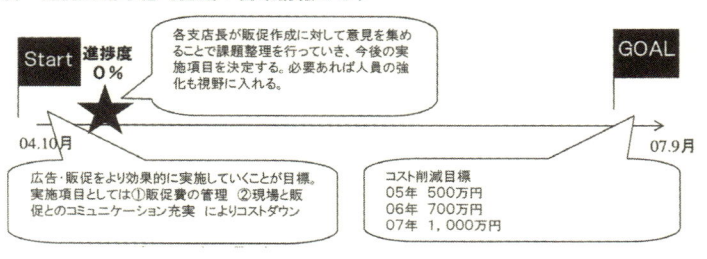

Start　進捗度 0% ★　各支店長が販促作成に対して意見を集めることで課題整理を行っていき、今後の実施項目を決定する。必要あれば人員の強化も視野に入れる。　GOAL

04.10月 ──────────────────→ 07.9月

広告・販促をより効果的に実施していくことが目標。実施項目としては①販促費の管理　②現場と販促とのコミュニケーション充実　によりコストダウン

コスト削減目標
05年　500万円
06年　700万円
07年　1,000万円

2 表彰と賞賛

■戦略に従った者を表彰・賞賛せよ

　企業理念に沿った戦略があって、スタッフが実際にそのとおりに行動した際は、その行動に対してきちんとフィードバックしていくことが大切である。その1つの方法として有効なのが、表彰するということである。

　実際、戦略を実行していくと、その戦略どおりにやっても実績があがらない社員もいる。一方、戦略に従わなくても実績をあげる社員もいる。では、後者の社員は戦略に従わないという点では注意すべきであろうが、そうした数字をあげた人は会社にとって、また重要な人でもある。そのため、こうした数字をあげた社員は数字という実績に対しては、業績給で給料としては多く払うべきである。

　しかし、会社としては正しいのは戦略に従った社員であり、トップや会社はプロセス・やり方に対して給与では返せなくても、表彰・賞賛することでその行動を認めることが大切である。そのために、いろいろな表彰の項目をつくることが望ましい。正しい行為をみんなに伝えるために社員のモデルを称える。それを何年も何回も繰り返し実施していった結果、全員がモデルをめざしてがんばるようになり、戦略は確実に定着していくのである。

■モデル手法の効用

　また、このようなモデルをつくることは、ナレッジを共有するという視点

第2章　定着

でも有効である。1人のモデルを見つけて、「○○さんはこういうことをした結果、すばらしい結果を残しました」と紹介することで、そのノウハウは伝わるし、また困ったときにどの人に相談すればよいかがわかるようになる。

　船井総研では「モデル手法」と言って、うまく行っている人や店舗のよいポイントを見つけて、その方法を真似ていくことが最も速くうまくいく方法であると言っているが、まさに社内の表彰式をうまく使い、その手法を行っているのである。

　なお、表彰は会場を予約し、1つの場所でしっかりと実施することをおすすめしている。ここは妥協しないことが大切である。同じ会社の社員同士でも、普段何をやっているのかわかっていないことは意外と多いものである。また、会場を借りて全社の一体感を高める効果が図れる。

　そのため、船井総研においても、年に1回、このことの重要性を鑑みて、400人の社員を一堂に集めて表彰式を行っている（下の写真）。

3 改善のすすめ方

■管理と改善

　最後にPDCAサイクルのAction（改善）について説明する。
　ここで、言葉として混同されやすい管理と改善について、少し説明をしておく。管理とは、今まで説明してきたPlan → Do → Checkを行い、その管理したい基準を維持していくことである。一方、改善とはその水準自体を高める活動のことである。維持をすることと、そのレベルを高めるという発想はつくることを目的としているのと、一度壊していくものとの違いがあるため、意識しておきたい。

■3つの言語データ

　さて、実際に改善を進めるためには前項にあったCheckとはまた違ったデータを集めていく必要がある。前項のCheckという段階では、最終的には数字データを集めていくことが多い。一方、改善を実施するときには言語のデータを集めることが有効である。
　ただ、言語となったデータは数字とは異なり、そのデータを次の3つに仕訳することが必要となる。その仕訳のパターンとしては、

①事実データ（実際の数字をそのままで表現したデータ）
②意見データ（事実に主義主張の入ったデータ）

図表5-10　3つの言語データ

	事実データ	意見データ	発想データ
問題の形式	◎	○	△
原因の追究	◎	×	×
解決方法	△	○	◎

③発想データ（事実を解体し、組み合わせたことによって新たにつくり上げたデータ）

の3つがある。

　改善を実施するためには、問題の形式（どんな問題があるか）、原因の追究（何が原因か）、解決方法（どうすれば問題は解決するか）の3つの視点が必要であり、各データはこの3つを整理するために使われる。こうして、さらに戦略を磨き上げる意見をまとめ、次に戦略を立案する際に活かしていくのである。このような長いPDCAスパイラルを回しつづけることで、初めて戦略は展開・実行され、具現化していくのである。

巻末資料 I
戦略立案報告書（例）

解説

　この報告書はある中古車販売店A社という架空の企業を設定し、このA社に対して3ヵ年の中期経営戦略を立案したものである。
　船井総研では一般的にこのような報告書を作成させていただくと、200ページ程度の報告書となる。この報告書は内容を非常にコンパクトにまとめたものであり、また架空の会社であるため、提案としても具体性が十分でないことはご了承いただきたい。
　しかし、中期戦略報告書を作成する流れや、どのようなアウトプットをしていくべきかを理解していただく際には参考になると考え、巻末の資料として掲載させていただいた。

■A社について

　A社は以下のような設定となっている。
業種：中古車販売店（その他に車検と整備工場のサービスを行っている）
場所：熊本県
店舗：1店舗
年商：9億1千万円（※）
利益：7百万円（※）
社員：16名（うち2名、営業10名、その他4名）
依頼内容：より多くのお客様に支持をしていただき、年商12億円を目指したい。また、今は利益率が1％を下回っているので、営業利益率で3％を稼ぎ出せる企業にしていき、将来的には3店舗展開にしたい。

※中古車販売店の平均値で設定「中小企業庁発行　中小企業の経営資料より」

巻末資料 I

Ａ自動車
中期経営戦略報告書

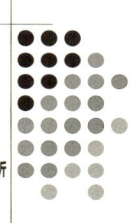

株式会社 舩井総合研究所

I．マクロ環境分析

中期経営戦略報告書

■ マクロ環境分析

自社を取り巻く市場環境のなかで、自社にとってのプラス要因、マイナス要因を以下、PEST分析にまとめた。

■PEST分析

	市場＋　＝市場拡大要因	市場－　＝市場縮小要因
Political ＝政治的要因		・車両法の改正による車検項目の縮小
Economical ＝経済的要因	・大手自動車メーカー等の参入による過当競争 ・ガソリン代の高騰（小型車に移行） 景気上向き	・ガソリン代の高騰
Social ＝社会的要因	・団塊世代の退職 　←団塊世代は中古車保有率が高いため普通車が狙いどころ ・自動車関連需要の多様化、細分化（ナビ、ETC、オーディオ） ・リサイクルに対する抵抗の低下 ・所得の二極化	・長期的な人口減少 ・新規購入者となる若年層の人口減少 ・団塊の世代の退職（2007年問題） ・都市部における自動車需要の低下
Technological ＝技術的要因	・インターネットを利用した無店舗販売による商圏の広域化 ・自動車関連業の総合化 ・異業種との複合店舗化 ・中古車販売店のFC化	・車両の平均耐用年数の伸長

Funai Consulting Co.,Ltd.

II. ミクロ環境分析
（1）人口動態

■ **人口動態調査**

今後の戦略を立案するうえで重要な情報である、自社の対象人口の増減と年齢構成の変化を以下にまとめた。

■15～64歳人口、65歳以上人口の推移

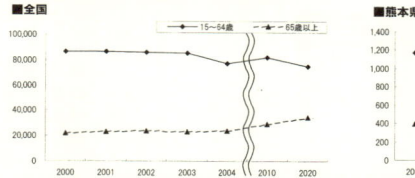

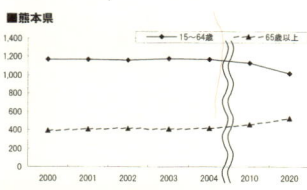

■全国　　　　　　　　　　　　　　　　　　　■熊本県

出典：総務省統計局「国税調査報告」「日本長期統計総覧」「人口推計年報」「国勢調査」　総務省自治行政局「住民基本台帳人口要覧より」

- 全国、熊本県ともに65歳以上が団塊世代の影響により、年々増加している。特に2010年以降急激に増加する予測である。
- その代わり就労人口（15～64歳）は少子化に伴い、年々減少傾向にある。

結論
- 2010年以降、団塊世代が退職を迎え、貯金を余暇にまわす傾向がある。そのため、余暇を目的とした中古車販売の増加が見込めるのではないだろうか。
- 自動車のホーム・ユースからパーソナル・ユースへの移行に伴い、一人一台の時代になる。そのため、手軽で単価も低い中古車市場は成長すると推察される。

Funai Consulting Co.,Ltd.

II. ミクロ環境分析
（2）販売台数の推移

■ **中古車・新車の乗用車の販売台数**

中古車市場、新車市場の動向がわかる販売台数の推移を小型・普通の車種に分類し以下のようにまとめた。

■中古車・新車の乗用車の販売台数推移

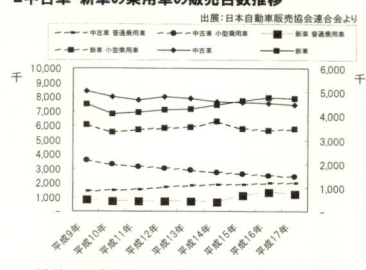

出典：日本自動車販売協会連合会より

◆中古車と新車
現状として、新車は年々販売数が伸びているのに対し、中古車は減少している。
・内訳
①中古車
普通自動車は販売数が伸びているのに対し、小型乗用車は減少している。
②新車
普通自動車は若干の伸びを示しているのに対し、小型車は常に高い値を示しているが、増加・減少していない。

◆販売数対保有数
①普通乗用車
平成9年から平成14年にかけては年々保有台数に対する販売数は減っている。
　→買い替えからパーソナルユースへのシフト
しかし、平成15年以降は、また販売数対保有台数の割合が増えてきている。
　→パーソナルユースから買い替えへのシフト
②小型乗用車
平成9年以降年々販売数対保有台数は減少している。
　→買い替えからパーソナルユースへのシフト

◆市場規模
①普通乗用車
中古車、新車含めて販売台数は増加傾向にある。
②小型乗用車
マーケットサイズは年々減少している。特に中古車の現象割合が大きい。

（備考）ただし小型乗用車には軽自動車を含む
中古車、新車販売台数は左軸（図中実線）、その他は右軸（図中点線）

結論　中古車市場は微減傾向、その中で、小型車市場は縮小、普通車市場は微拡大の傾向にある。
　　　→普通自動車の中で特化する必要性がある。

Funai Consulting Co.,Ltd.

巻末資料 I

II. ミクロ環境分析
（3）販売傾向

中期経営戦略報告書
5

■ **販売動向調査**

自動車市場の販売動向調査の結果から、自社の今後の方向性へ示唆を与える内容を以下にまとめた。

出展：（社）日本自動車工業会　H17年度乗用車市場動向調査より

販売全体傾向
- 代替ユーザーの前保有車使用期間は6.8年で前回差＋0.3年と、長期化が進んでいる。⇒長期化の理由としては「まだ十分乗れそうだった」が多い。
- 複数保有率は38.3%で増加傾向
- 新車から中古車への移行では11%と前回より4ポイント減少したが、中古車から中古車への代替は27%と前回差1ポイント減少。
- 中古車は「車は単なる生活の道具」「予算の制約下で好みの車、性能のよい車が選べる」といった意識・態度のユーザーが購入している。
- 主要運転者は「シニア世代」(50歳以上)で46%

考察
- 保有期間の増加によって、販売台数自体の伸びは期待できない。
- 主運転者としてのシニア世代は半数を占める。
- そのため、団塊世代の購買動向に着目する必要がある。

団塊世代の傾向
- 保有車種では「軽乗用・ボンバン」、「RV系」が多く、中古車保有比率が高い。
- 車の購入時に重視した点では「室内全体のゆとり」「後席のゆとり」が多い。
- 買い替え意向が高く、予定車種では「大・中型」「軽乗用・ボンバン」「キャブワゴン」が多く、排気量では「2001cc以上」が多い。
- 自由時間の過ごし方では、両世代とも「園芸」「ショッピング」「ドライブ」から「海外旅行」「国内旅行」へシフト。

考察
- 現状では小回りの利く軽とゆったり乗れるRVの人気が高い。
- 今後は、アクティブシニアの自由時間の過ごし方の変化により比較的遠距離での利用シーンが拡大。

結論　中古車全体の台数は伸び悩んでいるが、シニア世代の購買意識の変化により、特にRV系車種の需要が拡大する可能性が高い

Funai Consulting Co.,Ltd.

II. ミクロ環境分析
（4）モデル企業調査

中期経営戦略報告書
6

■ **モデル企業調査**

市場のなかで競争に打ち勝ち、販売台数を伸ばしているモデル企業の販売台数推移とその成功の要因のポイントを以下にまとめた。

■**モデル企業3社の販売台数推移とポイント**

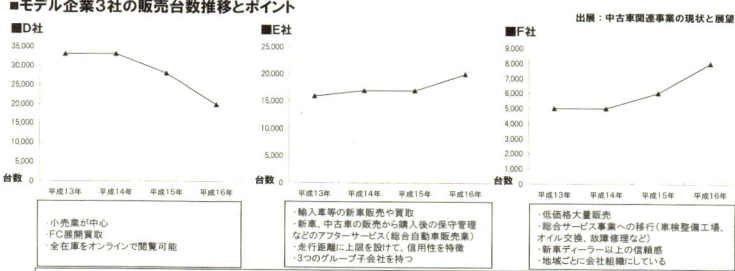

出展：中古車関連事業の現状と展望

■D社　■E社　■F社

D社
- 小売業が中心
- FC展開実施
- 全在庫をオンラインで閲覧可能

E社
- 輸入車等の新車販売や買取
- 新車、中古車の販売から購入後の保守管理などのアフターサービス（総合自動車販売業）
- 走行距離に上限を設けて、信用性を特徴
- 3つのグループ子会社を持つ

F社
- 低価格大量販売
- 周辺サービス事業への移行（車検整備工場、オイル交換、故障修理など）
- 新車ディーラー以上の信頼感
- 地域ごとに会社組織にしている

結論　ここ数年で販売台数を伸ばしている企業の特長としては
① 伸びているのは中古車販売だけでなく、消費者のカーライフを総合的にサービスできる会社
② 走行距離に上限を設けたり、販売後のアフターサービスを手がけるなどして、新車並みもしくはそれ以上の信頼感を消費者に与えている会社
③ 販売方法としては、販売店ごとに子会社化（FCよりも繋がりが強く、経営指導も強い）している会社である。

Funai Consulting Co.,Ltd.

III. 競合分析
（1）競合商品力調査

■ **競合商品力調査**

自社と競合している企業の商品力調査を行い、その結果を以下の比較表にまとめた。

■自社－競合店 比較商品力結果

競合店	自店	B店	C店
タイプ	中価格	高級志向	低価格
販売台数	495台	315台	650台
敷地面積	272坪	140坪	600坪
在庫台数	100台	50台	200台
スタッフ数	16人	12人	17人
価格レンジ	40万～120万円	200万～300万円中心	30万円～50万円中心
車種の特徴	幅広い価格帯	高級セダン・RVに特化	低価格（コンパクトまたは高年式中心）
プロモーション	チラシ中心	口コミ中心ホームページ	地域のチラシで行っている。ホームページ
営業	接客営業	コンシェルジュ式	セルフ中心

■自店の近隣地図

結論　自社の競合となる中古車販売店は、自店から10km圏内に2社存在し、B店は高級車種を中心に販売しており、C店は低価格車種を販売している大型店である。

Funai Consulting Co.,Ltd.

III. 競合分析
（2）プライス-アイテム比較調査

■ **競合商品力調査**

自社－競合各社の商品力調査の結果を価格帯ごとのアイテム数で整理し、以下のPI（プライス-アイテム）シートにまとめた。

■プライス-アイテムシート

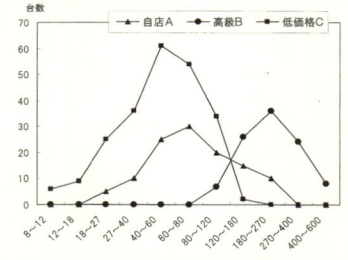

- 自店A
  18万円～270万円までの乗用車を幅広く扱っている。商品数も115台と少なく、広く浅い売り方である。
- 高級店B
  商品数は101台と少ないが、80万円～600万円と高級車に特化したマーケティングをしている。
- 低価格店C
  50万円を中心とした低価格乗用車を中心に扱っている。商品数も227台と豊富である。
  ⇒幅広く多数の乗用車を売り出そうとしている自社は特化した商品がないために、B店とC店によって囲いこみをされてしまっている。

結論　自社Aの差別化した商品を作るためにB社・C社が在庫の少ない100万円前後の商品の在庫を増やしていき、100万円予算で一点突破をしていきたい。

Funai Consulting Co.,Ltd.

巻末資料 I

III. 競合分析
（３）営業力比較調査

中期経営戦略報告書

■ **自店ー他店 営業力比較調査**
自社ー競合各社の営業力比較調査を行い、以下のようにまとめた。

■自社ー競合の営業力比較

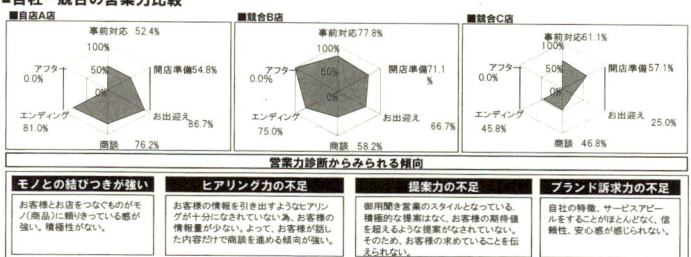

自店A店	競合B店	競合C店
事前対応 52.4% 開店準備 54.8% お出迎え 86.7% 商談 76.2% エンディング 81.0% アフター 0.0%	事前対応 77.8% 開店準備 71.1% お出迎え 66.7% 商談 58.2% エンディング 75.0% アフター 0.0%	事前対応 61.1% 開店準備 57.1% お出迎え 25.0% 商談 46.8% エンディング 45.8% アフター 0.0%

営業力診断からみられる傾向

モノとの結びつきが強い	ヒアリング力の不足	提案力の不足	ブランド訴求力の不足
お客様とお店をつなぐものがモノ（商品）に頼りきっている感が強い。積極性がない。	お客様の情報を引き出すようなヒアリングが十分になされていない。お客様の情報量が少ない。よって、お客様が話した内容だけで商談を進める傾向が強い。	御用聞き営業のスタイルになっている。積極的な提案というよりは、お客様の期待値を超えるような提案がなされていない。そのため、お客様の求めていることを伝えられない。	自社の特徴、サービスアピールをすることがほとんどなく、信頼性、安心感が感じられない。

結論 もっと積極的にお客様の情報を聞き出していき、提案していくために、質問項目のマニュアル化を進める。また、聞き出した情報をもとに、お客様が希望しているだろう商品の傾向や同レベルの商品を提案していくためにアフターサービスを充実させる。

Funai Consulting Co.,Ltd.

III. 競合分析
（４）プロモーション比較調査

中期経営戦略報告書

■ **プロモーション比較調査**
自社ー競合各社のプロモーションについての調査を行い、以下のようにまとめた。

■自社ー他社のプロモーションへの取り組み

	自社	B社	C社
主力媒体	チラシ	チラシ、口コミ	チラシ、ホームページ
ターゲット	大衆層	富裕層	大衆層
チラシ範囲	50km	30km	30km
チラシ頻度	1週間に一回	4週間に一回	2週間に一回
掲載車両数	平均70台	平均15台	平均75台
掲載車両構成	軽・コンパクト・セダン・RVを幅広く掲載	高級セダン 新型RV	軽・コンパクトカー 高年式セダン
価格帯	50～120万円	180万円～250万円	40万円～90万円
ホームページ掲載	なし	あり	あり
備考		チラシには会社のこだわりや掲載車両のポイントが記載されている。	ホームページに、購入サイトを設けている。

・自社は競合他社に比べて掲載車両・価格帯とも幅が広い。　　・チラシの頻度・配布範囲は広く、広告費は他社に比べて大きい。
・自店の特徴、他社との違いが伝わらない。

結論 ①他店との販売台数を比べると、チラシによるコストパフォーマンスを向上させるために、チラシ範囲・頻度を競合店並みに抑えつつ、ホームページ（購買サイト付）を設置することで、プロモーションの範囲を拡大・効率を上げる。
②掲載する車両構成、価格帯、車種を絞り、他社にはない独自性をアピールする必要がある。
　⇒100万円～170万円のRVを中心にした掲載
③自社の価値観・こだわりをチラシやホームページで積極的に発信していき、他社との違いを明確にする。

Funai Consulting Co.,Ltd.

IV. 自社分析
(1) 販売分析調査

■ 販売分析調査

自社の販売動向からツキ管理シートとABC分析を行い、今後の方向性を調査した。

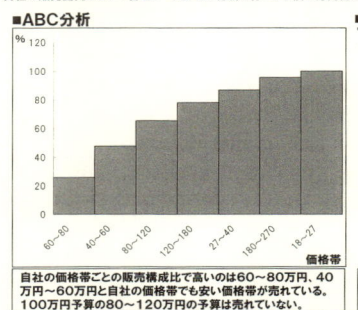

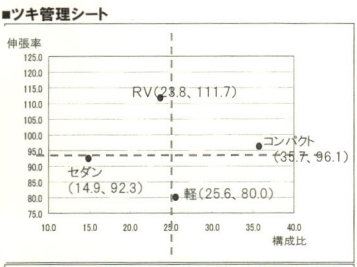

■ABC分析

■ツキ管理シート

自社の価格帯ごとの販売構成比で高いのは60～80万円、40万円～60万円と自社の価格帯でも安い価格帯が売れている。100万円予算の80～120万円の予算は売れていない。

ツキ管理シートを見ると、主力であるコンパクト、軽が前年比100割れをしている。この2車種のテコ入れは急務。販売構成比で25％程度のRVが伸びている。

結論　価格帯では現状60～80万円が売れているが、営業力を高め、100万円予算を売れるようにしていく。
　　　コンパクト、軽へのテコ入れは急務であるが、上げるのが難しい場合はツキのあるRVへ主力をシフトさせる。

Funai Consulting Co.,Ltd.

IV. 自社分析
(2) 財務分析調査

■ 財務分析モデル店比較

自社の財務状態のなかで特に収益性に注目をして上場企業2社との比較を行った。

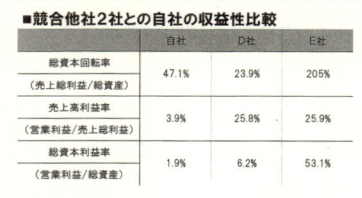

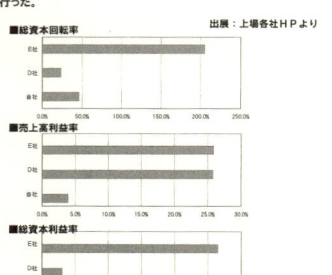

■競合他社2社との自社の収益性比較

	自社	D社	E社
総資本回転率 (売上総利益/総資産)	47.1%	23.9%	205%
売上高利益率 (営業利益/売上総利益)	3.9%	25.8%	25.9%
総資本利益率 (営業利益/総資産)	1.9%	6.2%	53.1%

出展：上場各社HPより

■総資本回転率

■売上高利益率

■総資本利益率

自社・・・総資本回転率が高いのに対し売上高利益率が低いために、
　　　　総資産利益率が非常に低い
B社・・・総資本回転率は低いが、売上高利益率が高いので
　　　　総資産利益率は高い
C社・・・総資本回転率が非常に高く、売上高利益率も高いので
　　　　総資産利益率が非常に高い

結論　他社と比較して自社は売上高利益率が低い(20ポイント以上)のが課題。そのため、利益を稼ぎ出す力をつけなければならない
　　　そのため　①販管費を下げるために、最も割合が大きい人件費または販促費を下げる。人員削減または広告費の削減を検討する
　　　　　　　　②販売効率を上げるために、営業スタッフの育成や車種やターゲットを絞り込むことにより広告効率を上げる

Funai Consulting Co.,Ltd.

巻末資料 I

V. 分析のまとめ
（1）強み－弱みのまとめ

中期経営戦略報告書

13

- I～IVで調査した結果を内部環境分析のまとめ、外部環境分析のまとめとして以下にまとめた。

内部環境分析まとめ

強み（Strength）
- 自社の営業力は低価格の中古車を中心に扱っているC社には勝っている。
- チラシを大量にまいているため、自社への認知度は高いと考えられる。
- 60～80万円の予算帯は比較的販売できている。
- RV商品というツキのある商品がある。

弱み（Weakness）
- 商品力を比較すると、自社は100万円予算以外では競合に大きく引き離されている。
- 自社の営業力は高級車を中心に扱っているB社には勝てない。
- 自社は競合と比較して、主力が不明確な営業・プロモーション戦略になっている。効率が悪い。
- 販売費および一般管理費が高いため（特に広告費）、利益がでにくい体質となっている。

外部環境分析まとめ

機会（Opportunity）
- 団塊世代市場が伸びる。普通自動車に興味を持っているため、普通自動車市場（中でもRV系）は伸びている。
- 中古車購入に対しての心理的な圧力が減っている。
- インターネットを利用しての商圏の広域化
- 自動車のパーソナルユース化が進むなかで、中古車へのニーズは高まる
- 消費者に対してバリューチェーンを伸ばし、安心感をセットに販売できる会社が伸びている。

脅威（Threat）
- 長期的な人口の減少
- 自動車の平均耐用年数の長期化
- 自社の主力である軽自動車市場は減少傾向
- 大手は大きくシェアを伸ばしており、大手にない小回りを効かせた差別化要素が必要。

Funai Consulting Co.,Ltd.

V. 分析のまとめ
（2）SWOT分析

中期経営戦略報告書

14

- 自社の強み－弱み、機会－脅威から、SWOT分析を実施した。

		外部環境分析	
		機会（Opportunity） ・団塊世代市場が伸びる普通自動車市場（中でもRV系）は伸びている。 ・中古車購入についての心理的な圧力が減っている。 ・インターネットを利用しての商圏の広域化 ・自動車のパーソナルユース化で中古車へのニーズは↑ ・安心感を背景に販売できる会社が伸びている。	脅威（Threat） ・長期的な人口の減少 ・自動車の平均耐用年数の長期化 ・自社の主力である軽自動車市場は減少傾向 ・大手は大きくシェアを伸ばしており、大手にない小回りを効かせた差別化要素が必要。
内部環境分析	強み（Strength） ・自社の営業力は低価格の中古車を中心に扱っているC社には勝っている。 ・チラシを大量にまいているため、自社への認知度は高いと考えられる。 ・60～80万円の予算帯は比較的販売できている。 ・RV商品というツキのある商品がある。	**積極的攻勢** 自社の強みで取り込める事業機会の創出 ・これから伸びる団塊世代をメインターゲットとすることで、販売効率を高める。 ・高い認知度を背景に、安心感を打ち出していき、団塊世代からの支持を集める。	**差別化戦略** 自社の強みで脅威を回避する事業機会の創出 ・軽自動車から現状伸びているRVへの主力商品の転換をはかる。 ・軽自動車に関してはC社とは接客力で差別化できるので、接客力について打ち出していく。
	弱み（Weakness） ・商品力を比較すると、自社は100万円予算以外では競合に大きく引き離されている。 ・自社の営業力は高級車を中心に扱っているB社には勝てない。 ・自社は競合と比較して、主力が不明確な営業・プロモーション戦略になっている。効率が悪い。 ・販売費および一般管理費が高いため（特に広告費）、利益がでにくい体質となっている。	**段階的施策** 自社の弱みで事業機会を取りこぼさないための対策 ・100万円予算（80～150万円）のRVを主力にすることで他社との差別化をはかる。 ・チラシ範囲・頻度を競合店並みに抑えつつ、ホームページ購買サイト付を設置することで、プロモーションの範囲を拡大し・効率を上げる。	**専守防衛または撤退** 自社の弱みと脅威で最悪の事態を招かない対策 ・販売効率を上げるために、営業スタッフの育成や車種やターゲットを絞り込むことにより広告効率を上げる。 ・メインターゲットとなる団塊の世代に対応できる営業力をもった社員を育成する。 ・最終的には口コミが発生するレベルに高める。

Funai Consulting Co.,Ltd.

V．分析のまとめ
（3）グッドサイクルの整理

- **A自動車のグッドサイクルを整理する**

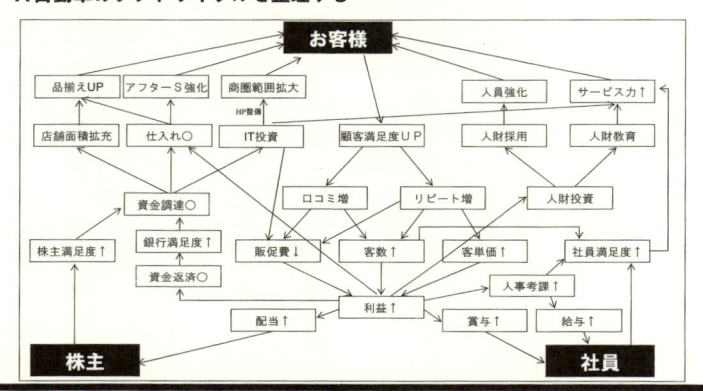

```
                              お客様
       品揃えUP   アフターS強化  商品範囲拡大        人員強化    サービス力↑
                              HP整備
  店舗面積拡充   仕入れ○   IT投資    顧客満足度UP    人財採用   人財教育

              資金調達○             口コミ増   リピート増      人財投資

  株主満足度↑  銀行満足度↑    販促費↓  客数↑  客単価↑    社員満足度↑
              資金返済○                                    人事考課↑
       株主           配当↑    利益↑     賞与↑    給与↑    社員
```

Funai Consulting Co.,Ltd.

VI．具現化戦略フレーム

- **具現化フレーム**

自社の今後の方向性を具現化戦略フレームで整理し、今後の方向性を以下のように提示する。

■具現化戦略フレーム　　　　　　　　　　　　　　　　　　　┊ ･･･自社が取り組むべき方向性

	COST	差別化	
		製品	販売
ターゲット広い	コストリーダーシップ戦略	集中化戦略（製品戦略）	差別化戦略（販売戦略）
ターゲット狭い	集中コストリーダーシップ戦略	集中差別化戦略（製品戦略）	**集中差別化戦略（販売戦略）**

■戦略の方向性

戦略の方向性	戦略のポイント	投資の方向性	ターゲット	商品・価格	チャネル・販促	教育
集中差別化戦略	1顧客の絞込みと顧客に合わせた4P設計 2不必要なコストを削減することにより利益がでる体質へ転換する	1店舗の大型化とアフターサービス力強化 2普通車（特にRVへの）在庫を増やす 3IT投資をし、商圏を広げる	既存顧客は囲い込みつつ、これからマーケットが増える団塊世代をターゲットとしていく	団塊世代の趣味嗜好にあった100万円予算の普通車（特にRV）を強化していく	1地元に密着し、お客様に安心感を抱いて頂く 2ターゲットを絞りこむことで販促費削減	サービスに対して目が肥えている団塊世代に対応できるレベルへ育成していく

方向性	自社の強みを ①地元企業でアフターサービスまで頼めるという安心感 ②団塊の世代を中心にした客層から指示される社員教育、商品政策 とし、勝ち続ける企業づくりを目指す

Funai Consulting Co.,Ltd.

巻末資料 I

VII. KGI、KPIの設定

中期経営戦略報告書

■ グッドサイクルに対してのKGI、KPIの設定

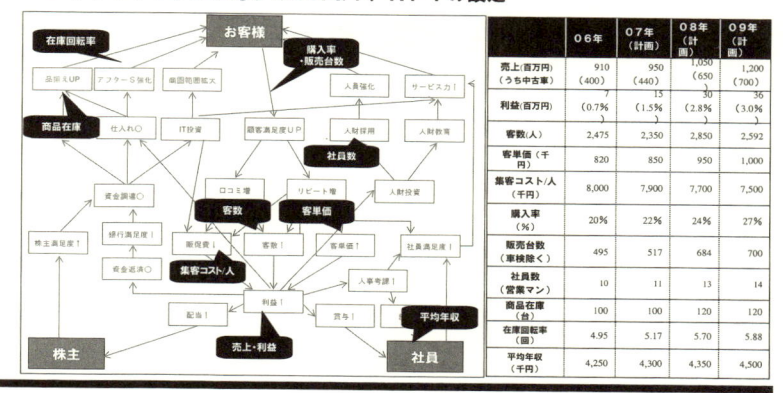

	06年	07年（計画）	08年（計画）	09年（計画）
売上(百万円)（うち中古車）	910（400）	950（440）	1,050（650）	1,200（700）
利益(百万円)（％）	7（0.7%）	15（1.5%）	30（2.8%）	36（3.0%）
客数(人)	2,475	2,350	2,850	2,592
客単価(千円)	820	850	950	1,000
集客コスト/人（千円）	8,000	7,900	7,700	7,500
購入率（％）	20%	22%	24%	27%
販売台数（車検数）	495	517	684	700
社員数（営業マン）	10	11	13	14
商品在庫（台）	100	100	120	120
在庫回転率（回）	4.95	5.17	5.70	5.88
平均年収（千円）	4,250	4,300	4,350	4,500

Funai Consulting Co., Ltd.

VIII. HRMへの展開

中期経営戦略報告書

■ HRMへの展開

購入率を高めるための教育内容・評価項目を以下のようにまとめた。

■営業フローと評価項目・教育項目

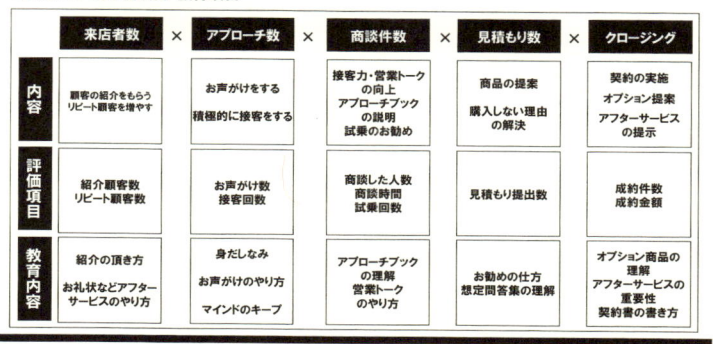

	来店者数	×	アプローチ数	×	商談件数	×	見積もり数	×	クロージング
内容	顧客の紹介をもらうリピート顧客を増やす		お声がけをする積極的に接客をする		接客力・営業トークの向上アプローチブックの説明試乗のお勧め		商品の提案購入しない理由の解決		契約の実施オプション提案アフターサービスの提示
評価項目	紹介顧客数リピート顧客数		お声がけ数接客回数		商談した人数商談時間試乗回数		見積もり提出数		成約件数成約金額
教育内容	紹介の頂き方お礼状などアフターサービスのやり方		身だしなみお声がけのやり方マインドのキープ		アプローチブックの理解営業トークのやり方		お勧めの仕方想定問答集の理解		オプション商品の理解アフターサービスの重要性契約書の書き方

Funai Consulting Co., Ltd.

IX. プロジェクトスケジュール

中期経営戦略報告書 19

■ 展開スケジュール

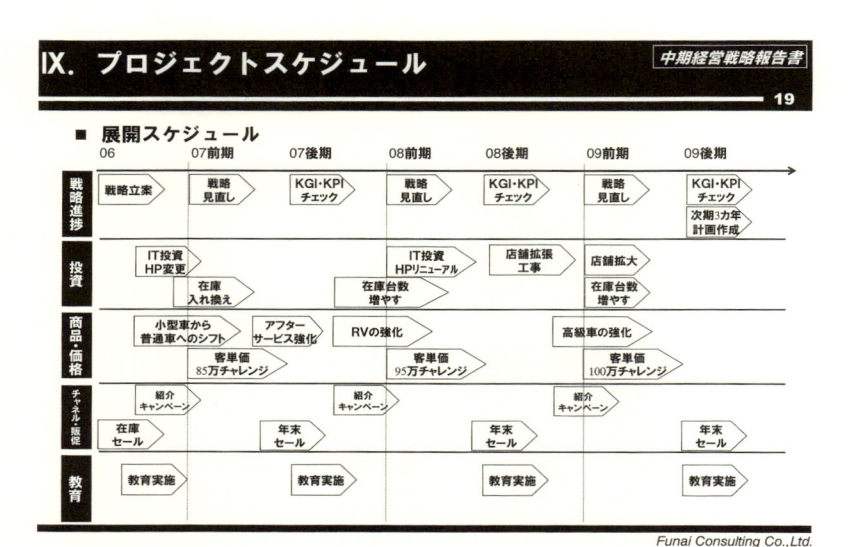

	06	07前期	07後期	08前期	08後期	09前期	09後期
戦略進捗	戦略立案	戦略見直し	KGI・KPIチェック	戦略見直し	KGI・KPIチェック	戦略見直し	KGI・KPIチェック／次期3カ年計画作成
投資		IT投資 HP変更	在庫入れ換え	IT投資 HPリニューアル	在庫台数増やす	店舗拡張工事	店舗拡張／在庫台数増やす
商品・価格		小型車から普通車へのシフト／客単価85万チャレンジ	アフターサービス強化	RVの強化／客単価95万チャレンジ		高級車の強化／客単価100万チャレンジ	
チャネル・販促		在庫セール	紹介キャンペーン／年末セール		紹介キャンペーン／年末セール		紹介キャンペーン／年末セール
教育		教育実施	教育実施	教育実施	教育実施		教育実施

Funai Consulting Co.,Ltd.

X. 財務計画

中期経営戦略報告書 20

■ 財務計画（抜粋）

■3カ年PL計画

		06年	07年（予）	08年（予）	09年（予）
売上	(千円)	910,000	950,000	1,050,000	1,200,000
粗利	(千円)	200,200	218,500	262,500	324,000
販管費	(千円)	193,200	203,500	232,500	288,000
販促費	(千円)	19,800	18,565	21,945	19,440
人件費	(千円)	62,500	67,300	76,550	83,000
営業利益	(千円)	7,000	15,000	30,000	36,000

■社員数の推移

		06年	07年（予）	08年（予）	09年（予）
社員数	(人)	16	17	19	20

■収益性・生産性

		06年	07年（予）	08年（予）	09年（予）
商品在庫	(台)	100	100	110	120
在庫回転率	(回)	4.95	5.17	5.70	5.88
営業利益率	(%)	0.8%	1.6%	2.9%	3.0%
粗利率	(%)	22.0%	23.0%	25.0%	27.0%
一人当たり生産性	(千円)	12,513	12,853	13,816	16,200

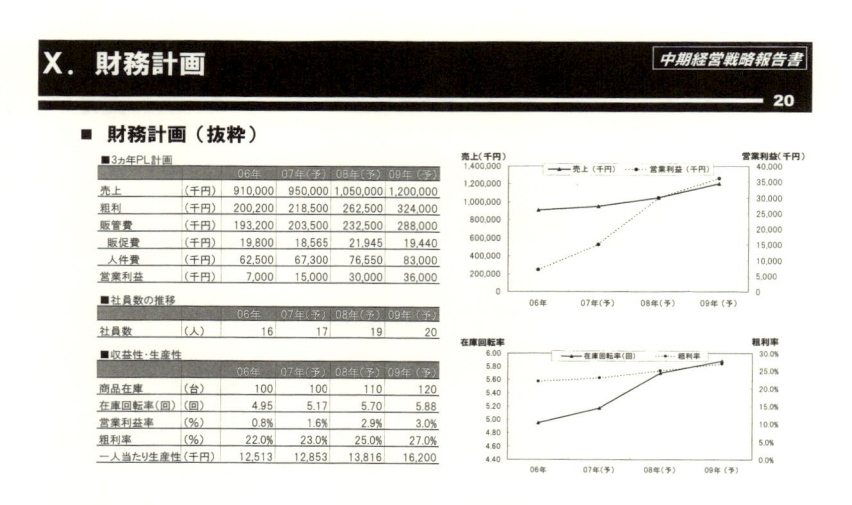

Funai Consulting Co.,Ltd.

巻末資料 II
財務分析表

■財務分析表1

番号	分析項目 / 計算式	比率の意味
1	**経営資本対営業利益率** 営業利益÷経営資本×100	企業が本来の目的である経営活動に使用している営業用の純資本投資が、営業活動によってどれだけの利益をあげたかを見る。この比率が高いほど収益がよいことになり、前年比同業他社比で見る
2	**経営資本回転率** 純売上高÷経営資本	営業活動に投下された経営資本の回転速度を著すものである。この回転率が高いのは、経営資本の回転が速く、資本の利用効率が高いことを意味している。
3	**売上高対営業利益率** 営業利益÷純売上高×100	企業の収益性、経営能率の良否を示す重要な比率で、経営手腕、営業能力をあらわすものである。前年対比や同業他社比で見る
4	**自己資本対経常利益率** 経常利益÷自己資本×100	総資本のうち、自己資本が経営活動の結果、どれだけの元に対する子（利益）を生んだかを見る。日本では経営者＝オーナーが多いので、少なくとも受取金利相当分プラス危険負担料相当分の経常利益の確保が必要である。資本金と内部留保金の適正性を検討
5	**自己資本対固定資産比率** 固定資産÷自己資本×100	建物・設備などの固定資産がどの程度自己資本でまかなわれているかを見る指標。自己資金調達能力以上の過大投資か否か、また企業の健全性を測る基準で、100以内が望ましい。
6	**固定長期適合率** 固定資産÷(自己資本＋長期借入金)×100	長期資本（自己資本と長期借入金の合計）がどの程度固定資産に運用され、その固定化と安定化の程度を測る指標で、100％以内が望ましい。
7	**流動比率** 流動資産÷流動負債×100	短期借入金や買掛金支払手形など短期（1年以内）に返済清算を必要とする流動負債に対し、その返済清算財源としての流動資産（現預金・受取手形・売掛金・商品）が流動負債の何倍あるかを比較する比率。比率が大きいほど返済能力が大で、150％が一応の目標。安全性と信用度を見る最重要な指標。
8	**当座比率** (現金・預金＋受取手形＋売掛金)÷流動負債×100	現金性の高い現預金・売掛金と流動負債の割合を見る厳しい指標
9	**総資本対自己資本比率** 自己資本÷総資本×100	金融機関等の借入金や買入債務等で調達している他人資本と自己調達している自己資本の割合を示すもので、比率は高いほど望ましい。企業の健全性を見る重要な指標。
10	**売上高対支払利息比率** (支払利息・割引料－受取利息)÷純売上高×100	支払利息の負担が売上高または粗利高に対し、どの程度あるかを示すもので、この比率は経常利益に影響する。一般には、売上総利益（粗利）対支払利息割引料比率で支払負担程度を測る場合が多く、業種・業態を問わず年間支払限度は年間粗利額の10％程度が基準値。

良否の原因	
良	否
○比率大 経営資本の額が小さいか、経費の節約によるか、粗利額が多いかによる	×比率小 経営資本の額が大きいか、経費の浪費によるか、粗利益額が少ないかによる
○回転率大 経営資本の額が小さいか、売上高が多いかによる	×回転率小 経営資本の額が大きいか、売上高が小さいかによる
○比率大 粗利益・額が多いか、原価や経費が低いかによる	×比率小 粗利益・額が少ないか、原価や経費が高いかによる
○比率大 自己資本の過小か、営業外の利益が多いか、営業外損失が少ないか、営業利益・経常利益が多いかによる	×比率小 自己資本の過大か、支払金利等の営業外損失が多いか、営業利益・経常利益が少ないかによる
○比率小 自己資本が大きいか、固定資産が少ないか、賃貸土地建物が多いかによる	×比率大 自己資本が少ないか、能力以上の固定資産・遊休不動産が多いかによる
○比率小 長期資本調達が大か、固定資産が小かによる	×比率大 長期資本調達が少ないか、固定資産が大かによる
○比率大 期末の流動負債が少ないか、売掛金・商品・原材料・仕掛品などの流動資産の在庫が多いかによる。自己資本大なら流動負債小。	×比率小 流動負債が大きいか流動資産が小さいかによる。小売業・サービス業のような売掛金・受取手形の少ない業種でも120%が目標値。
○比率大 80%以上が目標	×比率小 60%以上が目標
○比率大 期末総資本額が少ないか、自己資本額が大きいかによる	×比率小 借入金や買入債務が多いか、自己資本額が少ないかによる
○比率小 売上高または粗利高が大きいか、支払利息割引料が少ないか、受取利息が多く実質支払利息が少ないかによる	×比率大 売上高または粗利高が低いか支払利息割引料が高いかによるが、自己資本不足か運転資金不足が大きな原因

■財務分析表2

番号	分析項目 計算式	比率の意味
11	**固定資産回転率** 純売上高÷固定資産	固定資産の利用度を示すもので、回転率が高いほど設備資産が十分活用されていることになる。固定資産生産性を測る指標
12	**受取勘定回転率（回）** 純売上高÷（受取手形＋売掛金）	1年間における売上代金の回収速度を表す。この回転率が高いのは、売上代金の回収が速いことを意味し、低いのは代金の回収が遅いことを意味する。日銭商売では365回転。
13	**支払勘定回転率（回）** 当期商品仕入高÷（支払手形＋買掛金）	会社の支払状況を検討するために用いられ、回転率が高いほど健全な仕入態度であることを意味する。受取勘定回転率と比較検討することにより、資金繰り状況を知ることができる
14	**加工高比率** 加工高÷生産高×100	総生産高のうちに占める加工高〔生産高－（直接材料費・買入部品費・外注工賃・補助材料費）〕の割合を示し、一次利益を示す
15	**加工高対人件費比率** 加工高÷設備資産	加工高に占める人件費の割合を示すもので、賃金と生産能率の可否を検討する場合に参考とする指標。理想数値は50％以内とされている。
16	**機械投資効率** 完成加工高÷設備資産	設備資産（土地、建物を除く）の加工高に対する回転効率を示すもので、資本生産性を見る指標
17	**原材料回転費** 純売上高÷原材料	生産効率の可否を見る1つの比率で、期末材料の在高が増せば、この比率は低下し、反対に減少すれば多くなる。したがって、この回転率の理想値としては、手持高が過大・過小にならず、生産が円滑に行われるよう保有することが大切
18	**商品・製品仕掛品回転率** 純売上高÷仕掛品、純売上高÷製品	商品・製品・仕掛品の在高は前期末と当期末の平均により、手持期間または仕掛期間を知ることができる。販売効率または資本利用の経済性の良否を判断する基本的な比率の1つの指標
19	**売上高対総利益率** 総利益÷純売上高×100	売上高に対する粗利益の割合を示すもので、特に経営にとっての最終純利益に最も影響し、経営活動の第一歩の収益性を示すもの。収益性を判断するための基本的な1つの比率
20	**売上高対経常利益率** 経常利益÷純売上高×100	経営活動の結果の利益の状況を示す。この比率は営業外損益が多いか少ないかによって変化し、粗利・経費も影響する
21	**販売・管理費比率** （販売費＋管理費）÷純売上高×100	一単位の売上に対する費用がどれだけかかったかを示すもので、これが少ないほど販売コストや経費効率がよいことを示す

良否の原因	
良	否
○比率大 固定資産が少ないか、売上高が多いかによる	×比率小 固定資産が多いか、売上高が少ないかによる
○比率大 売掛金、受取手形など売掛債権の在高が少ないか、現金売上高が多いかによる	×比率小 売掛債権の在高が多いか、当期仕入高・加工高が少ないかによる
○比率大 買掛金、支払手形の在高が少ないか、当期仕入高・加工高が多いかによる	×比率小 買掛金、支払手形の在高が多いか、当期仕入高・加工高が少ないかによる
○比率大 加工生産が高いか、加工賃が高いかによる	×比率小 自家生産が高いか、加工賃が低いかによる
○比率小 加工高・加工賃が高いか、人件費が低い場合	×比率大 加工高・加工賃が低いか、人件費が高いかによる
○比率大 加工高が高いか、設備が少ないかによる	×比率小 加工高が低いか、設備が多いかによる
○比率大 加工高が高いか、原材料手持在庫が少ないかによる。生産稼働率を高めると、この比率は大となる	×比率小 加工高が少ないか、原材料手持在庫が多いかによる。生産稼働率が低下すると、この比率は悪化する
○比率大 期末在高が少ないか、売上高が多いかによる。在高の大小は季節性の考慮が必要	×比率小 期末在高大で売上高が低い場合。期末在庫の大小は平月と期末月との相違考慮
○比率大 仕入・製造原価が売上高に比べ低いことや、値引などのロスが低いことによる	×比率小 仕入・製造原価が高いか、値引ロスが多いか、売価が低いことによる
○比率大 営業利益と営業外利益が大で営業外支出は小	×比率小 営業利益が少なく、営業外支出が多い場合
○比率小 営業費が少ないか、売上高が多いかによる	×比率大 営業経費が多くかかっていることによる

■著者紹介

フナイコンサルティングアカデミー
船井総合研究所の社内教育プログラム「若手社員スクール」が基礎となり、2002年よりフナイ・コンサルティングアカデミーとして、外部へもその内容を公開し、人気を得ている。財務分析やマーケティングの基礎から、経営戦略論、プライシング理論まで、経営コンサルタントとして活躍できるスキルとマインドを醸成している。
詳細は http://www.funaiacademy.jp にて掲載。

株式会社船井総合研究所
経営コンサルティング会社。1970年3月、企業経営の総合診断を主業務として、日本マーケティングセンターを設立。1985年3月、商号を船井総合研究所に変更。約8000社の顧問先を有し、セミナーや研究会を通じて会員企業を組織している。小売・サービス業に対する各種支援から、第三セクターによる大規模商業施設の開発などのプロジェクト業務までを手がける。常勤スタッフ約450名。東京証券取引所第一部上場。
http://www.funaisoken.co.jp

■執筆者

北村尚夫（きたむら・ひさお）
1963年生まれ。早稲田大学社会科学部卒業。大手SI会社で営業企画、営業職に従事後、1996年船井総合研究所に入社。現在、船井総合研究所CS＆Tグループ部長・グループマネージャー。大手・中堅企業における経営戦略、マーケティング戦略、マネジメント戦略を担当。全社戦略の方向性から、現場での日常業務活動までを網羅したサポートを展開している。生産財・消費財メーカー、通信事業者、商社・卸売業、SI、サービス業、全国流通チェーンなど、クライアントは多岐にわたる。

髙井宗也（たかい・むねや）
学習院大学経済学部卒業。2000年船井総合研究所に入社。主任 経営コンサルタント。入社以来、小売・サービス業のプロジェクト業務を中心に50社以上の企業に対しコンサルティングや社員教育を行ってきた。現在はフナイ・コンサルティングアカデミーの担当として、社内の新人教育も行っている。

> 視覚障害その他の理由で活字のままでこの本を利用出来ない人のために、営利を目的とする場合を除き「録音図書」「点字図書」「拡大図書」等の製作をすることを認めます。その際は著作権者、または、出版社までご連絡ください。

船井総研・即時業績向上シリーズ第2巻

戦略の極意

2006年6月8日　初版発行

著　者　　フナイ・コンサルティングアカデミー＋船井総合研究所
発行者　　仁部　亨
発行所　　総合法令出版株式会社
　　　　　〒107－0052　東京都港区赤坂1－9－15
　　　　　日本自転車会館2号館7階
　　　　　電話　03－3584－9821（代）
　　　　　振替　00140－0－69059
印刷・製本　中央精版印刷株式会社

ISBN 4－89346－961－4©Funai Consulting Co., Ltd.
落丁・乱丁本はお取替えいたします。
総合法令出版ホームページ　http://www.horei.com

総合法令出版の好評既刊

日本を代表するコンサルティングファームの精鋭コンサルタントが長年培った珠玉の経営ノウハウを初めて体系的にまとめたシリーズ第1弾!

船井総研即時業績向上シリーズ
第1巻
経営の極意

フナイ・コンサルティングアカデミー＋㈱船井総合研究所 [著]
定価(本体価格2500円＋税)

「すぐ使える!」「すぐ役立つ!」「実績がある!」
現場に密着、即効性を重視し、4000社を超えるクライアントから絶大な信頼を勝ち得た実践的な内容が満載!

第1部　ベーシック
　　　　（成功・成長の3条件、経営の指針、長所伸展と一番化手法、包み込みと圧縮付加、成功するクセづけ）
第2部　経営戦略
　　　　（経営戦略の考え方、経営戦略立案プロセス、立地戦略）
第3部　マーケティング
　　　　（マーケティング基礎理論、プライシング理論、マーチャンダイジング、プロモーション、店づくり）
第4部　人財マネジメント
　　　　（リーダーシップ、人財育成、人事制度、組織づくり）
第5部　数値マネジメント
　　　　（数値管理、財務分析、企業分析）